Ciudadano del Mundo

ALBERTO AGUILAR

Reservados todos los derechos. No se permite la reproducción total o parcial de esta obra, ni su incorporación a un sistema informático, ni su transmisión en cualquier forma o por cualquier medio (electrónico, mecánico, fotocopia, grabación u otros) sin autorización previa y por escrito de los titulares del copyright. La infracción de dichos derechos puede constituir un delito contra la propiedad intelectual.

Ibukku es una editorial de autopublicación. El contenido de esta obra es responsabilidad del autor y no refleja necesariamente las opiniones de la casa editora. Todas las imágenes contenidas en este volumen fueron proporcionadas por el autor. Ibukku no se hace responsable sobre los derechos de las mismas.
CIUDADANO DEL MUNDO
Publicado por Ibukku
www.ibukku.com
Diseño y maquetación: Índigo Estudio Gráfico
Copyright © 2018 ALBERTO AGUILAR
ISBN Paperback: 978-1-64086-277-7
ISBN eBook: 978-1-64086-278-4
Library of Congress Control Number: 2018964882

ÍNDICE

DEDICATORIA	5
EL TÚCUTA	7
LA LUZ MALA	13
PROMESAS INCUMPLIDAS	14
LA COPA DEL MUNDO CUBIERTA CON UN PONCHO MILITAR	15
¿DÓNDE O CON QUIÉN ESTARÁN?	17
EL DOLOR DEL HAMBRE	19
OJOS AZULES	20
RESPETA A MI MADRE	26
EL PRIMER AMOR DUELE.	27
SUS SUEÑOS TOMAN NOMBRE… ITALIA	34
EL LADRILLO Y LA FUERZA DE VOLUNTAD	40
BOXEO VS ATROPELLO	42
SERVICIO MILITAR	47
ESPAÑA	63
MADRID	66
BÚSQUEDA INCANSABLE	72
IMPOSICIÓN EN EL BOXEO	73
VALORANDO A TU SER	76
ENEMIGOS DE SU PROPIA SANGRE	99
LO QUE SE HEREDA NO SE DISCUTE	114
CONOCIENDO OTRAS CULTURAS	117

EL DESAFÍO	121
PERDIDO EN MEDIO DEL SAHARA	123
MAURITANIA Y LA VIA DEL TERROR	127
UN ESPEJISMO EN LA ADUANA DE SENEGAL	130
VIVIENDO DE ILUSIONES	134
AMANECIENDO EN SENEGAL	136
LA MANIPULACIÓN SE ACENTÚA	137
ATADO A SU SANGRE	139
LOS AMERICANOS	143
ALDEAS EN CASAMAS	147
LA TRIBU DE LOS MANGOS	151
BAUTIZO MUSULMÁN	154
MATRIMONIO DE DOS CULTURAS	156
ENCARANDO LA REALIDAD	159
OTRA OPORTUNIDAD	161
CONCLUSIÓN	169

DEDICATORIA

Este libro está dedicado primero que nada a mi Reina Madre, por ser mi inspiración y mi motor. Madre, me enseñaste a ser alguien en la vida, a sacar lo mejor de mí, ahora que has partido siempre estarás presente en mi mente y en mi corazón.

A mi Gaucho Hermano; Rubén, quien me dio la confianza y empuje hacia este desafío. A Shirley, la mujer a la que le enseñé mi escrito y ha luchado junto a mí para darle forma a esta aventura.

Al Doctor Guzzo, gracias por sus sabios consejos.

Y Gracias a Dios por acompañarme en la trayectoria de mi vida.

O. Alberto Aguilar Ibáñez

EL TÚCUTA

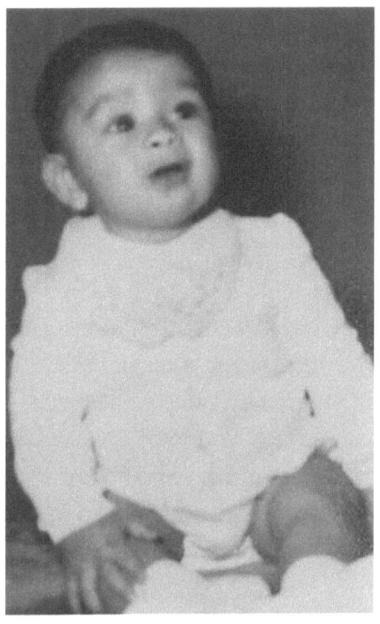

Les voy a contar la vida de Marcelo y su familia. Ellos fueron muy pobres en Argentina, Marcelo tenía siete años cuando su padre, Demetrio, los llevó a la provincia del Chaco, conocida como La Capital del Inmigrante, situada a 2.000 kilómetros de Buenos Aires. Su padre se regresó a trabajar para poder enviarles dinero y dejó a Marcelo y sus seis hermanos con la Mamacalu, como le llamaban a su madre, pero los envíos duraron muy poco, después de tan solo seis meses dejo de hacerlos.

Vivían en casa de su abuelo Leonardo y su abuelastra Martha, madrastra de Mamacalu, pues ella quedó huérfana cuando apenas tenía nueve años. La pasaban muy mal, la abuelastra en ausencia del abuelo los trataba diferente, les mezquinaba la comida y como todos eran niños, siempre estaban con mucha hambre. Cuando el abuelo Leonardo estaba en casa, Martha era muy generosa y hasta les sonreía.

Marcelo recordaba que para esa época veía a sus tíos ensayar canciones del folklore argentino.

Su abuelo preparaba eventos en el pueblo y en los pueblos cercanos, arrendaba un autobús que los trasladaba desde su casa hasta donde tenían que actuar. Marcelo estaba muy apegado y pendiente de su abuelo, le gustaba la música y, aunque no tenía posibilidades porque no tenía ni ropa ni calzado, deseaba ser artista como sus tíos.

En una ocasión, cuando el autobús vino a buscar a los artistas, Marcelo lloraba de tristeza porque quería ir con ellos pero como su ropita era vieja, sus tíos no querían llevarlo y él no se movía del portón de la casa. Alguien le dijo al abuelo Leonardo que había un chico que estaba llorando, su abuelo entonces le pidió a su tío menor que tenía casi la edad de Marcelo y a quien le llamaban Majo, que le prestara la ropa para que él pudiera viajar con ellos.

En ese viaje el abuelo lo sentó en sus piernas, le preguntaba si estaba bien y compartía con él el mate grande que tomaban los adultos, durante el viaje le daba de comer a cada rato y Marcelo se sentía lleno y feliz por estar con todos los grandes artistas de la familia. Con mucho placer le decía a su abuelo Leonardo "un día voy a ser un gran cantante".

Su tío Majo le hacía la vida imposible, no le gustaba prestarle su ropa y sus zapatillas y no lo quería cerca de los escenarios, cuando el abuelo preguntaba por Marcelo, él solía mentir diciendo que se había quedado dormido.

Un día Marcelo tuvo una pelea con el tío Majo quien, por enojo, le quitó las zapatillas para que no se acercara al escenario, Marcelo tuvo que esconderse en medio de la multitud que venía a verlos porque estaba descalzo, aunque no podía actuar con ellos, los miraba desde lejos y se sentía orgulloso de ser parte de esa familia de artistas.

Lo tenían como el pibe de los mandados, si hacía falta algo su abuelo lo enviaba a él, ya fuera por un pantalón o por una plancha, era Marcelo quien corría a buscar lo que hiciera falta, lo que el abuelo pidiera. El abuelo Leonardo arreglaba todo, cosía, planchaba y arreglaba las botas, era muy creativo.

Los fines de semana, Marcelo aprovechaba que su abuelo estaba en casa y le pedía por favor si podía cantar con sus tíos, ellos se hacían los tontos, lo ignoraban, y decían: "pero si no sabe nada, todavía es muy chiquito" y alguna que otra excusa más. El abuelo se enojaba y les decía "Changos yo escuché al Túcuta cantar chamamé y aún sin saber leer ya se defiende, así que no me hagan enojar". Marcelo empezaba a cantar con ellos, pero sus tíos apuraban la música con la guitarra y le hacían perder el ritmo. Él no sabía nada pero le gritaba a su abuelo que "los changos se apuraban mucho", y el abuelo Leonardo dejaba lo que estaba haciendo e iba con ellos al ensayo a él no lo podían engañar porque el abuelo era un artista, entonces Marcelo ya podía cantar. Se ponían serios con su abuelo enfrente, quien les lanzaba una mirada de esas que no hacía falta ni hablar para que ellos entendieran que él no estaba jugando. Una de las cosas que más les enfadaba era que su abuelo le hacía empezar la canción a él y en la segunda estrofa les hacía entrar a ellos. Marcelo se sentía realizado, amaba esos momentos

En la temporada de cosecha de algodón, Mamacalu iba a trabajar al campo a recoger algodón y se llevaba a sus siete hijos con ella. Los tres hijos mayores: Aldo, Juan y Marcelo la ayudaban muy poco porque los niños se pinchaban con una planta que se llama ortiga y los picaban las hormigas por andar descalzos.

En una Navidad, el abuelo Leonardo les regaló unas alpargatas a cada uno a escondidas de la abuelastra Martha. Para no estropearlas las tenían guardadas, tenían los pies hinchados y con mucho dolor, así que poco podían ayudar a Mamacalu.

Cuando finalizaba la cosecha y llegaba el momento de hacer cuentas con el gaucho, dueño del campo, Mamacalu le quedaba a deber por todos los víveres que les daba para comer, la gente que trabajaba con ella la ayudaban todos un poquito para pagarle al gaucho.

El abuelo Leonardo les enviaba una carreta vieja de dos ruedas con un caballo para volver a casa, como era tan pequeña, se turnaban entre los chicos para viajar, hacían un viaje de ocho horas sin comer ni beber, sufrían mucho calor, y no tenían agua así que bebían de las cunetas a los costados de las calles aunque el agua no era potable. Para poder llegar a casa de su abuelo, Marcelo y sus hermanitos se morían de hambre y cansancio.

Ya en la casa del abuelo, empezaba el calvario para todos ellos, ya que Martha se molestaba con los pequeños. A veces la Mamacalu trabajaba muchas horas limpiando casas para cooperar con la comida. En invierno andaban descalzos y jugaban con un calcetín que rellenaban con trapos para que tuviera forma de balón.

Después de tres años de la ausencia de su padre, escucharon las noticias que un autobús había chocado con otro, en el accidente murieron varias personas. Sabían que ese era el recorrido que hacía el papá para ir a trabajar y también la hora. Según las noticias, Demetrio había fallecido en Buenos Aires.

Mamacalu y sus hijos se hundieron moralmente ya que día a día soñaban que los fuera a buscar, con ese mal momento su mamá cayó enferma.

A los dos años de aquel sufrimiento llegó de Buenos Aires Carlos, un primo de Mamacalu y les comentó que Demetrio aún vivía, les contó que viajaban los dos en el mismo tren, que el padre se acercó a él, y le dijo: "Yo te conozco a ti, pero no sé de dónde", entonces Carlos le contestó "Yo también a ti, te vi en el Chaco cuando tenías 18 años, soy primo de tu mujer".

Demetrio le dijo que por favor fueran a charlar un poco, y lo invitó a comer, mientras comían pizza le narró su historia loca a Carlos. Le contó que se casó con una mujer chilena con quien tuvo un hijo, estuvo un par de años con ella, después se separó. Más tarde conoció a Ana, una joven evangélica muy linda, quiso ordenar su vida viviendo con ella, pero eso no pudo ser.

Una conocida de su mujer se acercaba a la casa donde vivían para charlar con Ana como toda vecina, hasta que un día le dijo: "ese hombre del que estás enamorada, lo siento por ti, pero te lo tengo que decir para que no pierdas más el tiempo, porque él está comprometido con una mujer y tiene siete hijos, ella es mi amiga. Él los llevó a la provincia del Chaco y los abandonó, es un tipo sinvergüenza, que no los ayuda en nada, se cambia de traje todos los días, mientras que sus hijos no tienen ni para comer y andan descalzos".

Demetrio era un tipo atractivo, las mujeres lo seguían mucho, además no era para nada tímido, el alcohol y las mujeres eran su diversión mientras que a su propia familia la tenía abandonada. Ana era muy creyente y de buenas costumbres, ella le preguntaba a Demetrio por sus hijos, pero él siempre negaba su existencia. Así pasaron dos meses hasta que no pudo más con tanta presión, era consciente que le estaba haciendo daño a una familia.

Vivían en una casa de madera que es conocida como "casilla". Ana se quitó la vida, puso una soga en un travesaño, una mesa pequeña, prendió cuatro velas debajo de la mesa, se puso el lazo al cuello, pateó la mesa y quedó estrangulada, dejó una carta para Mamacalu, pidiéndole perdón por todo el daño que les había causado.

Cuando Demetrio volvió de trabajar no podía entrar, la puerta estaba trabada así que entró a empujones, dio dos pasos y la vio colgada, empezó a gritar pidiendo ayuda para bajarla, llorando por la situación, nervioso, no sabía qué hacer, llegó la policía y lo detuvieron como sospechoso, estuvo preso por un año.

Salió libre gracias a sus abogados, quienes lucharon para sacarlo usando a su favor a toda la gente del barrio que lo quería y lo apoyaba, era un tipo bondadoso con los vecinos.

A partir del momento en que salió de la cárcel empezó a pensar en sus hijos y, tomando conciencia, pidió a Carlos, el pariente de la madre que fuera a verla para proponerle que enviara a sus hijos mayores a trabajar a Buenos Aires, él les envió la dirección para que supieran donde vivía.

Mamacalu aceptó y le escribió para que le enviara dinero, cuando lo recibió compró el pasaje para Aldo, el mayor de los hijos, y para ella. Así fue como viajaron la madre y el mayor de los hermanos a Buenos Aires al encuentro del padre. Demetrio, al verlos, rompió a llorar como un niño, después de un mes Mamacalu regresó al Chaco a buscar a sus demás hijos y los llevó nuevamente con el padre.

LA LUZ MALA

Una vez que regresaban de un largo viaje, pasaron por un pueblo llamado Pampa del Infierno, era de madrugada, como las cuatro de la mañana, iban muy contentos festejando como les salió todo, tomaban mate, comían y otros por la punta del autobús cantaban.

El abuelo Leonardo hablaba con el chofer del autobús cuando de repente se escuchó un grito fuerte con poderío, una voz de mando que ordenó callar a todo el mundo y que se sentaran y no se movieran de los asientos porque iban a pasar una especie de pánico en medio del monte, no debía haber ninguna luz en ningún lugar. El conductor tuvo que parar el autobús a un costado y apagar las luces. Enfrente de ellos, por arriba, venía una luz grandísima que cegaba, a esa luz se le conocía como "la luz mala", decían que si obedecías a los mayores no pasaba nada, ellos sabían de qué se trataba por haberla presenciado en otras oportunidades. Los chicos casi mueren del miedo, Marcelo no se separó nunca del tío Majo y de su tía Nita, estaban todos en el asiento trasero arrinconados, esperando la voz del abuelo que les anunciara que ya había pasado el peligro con "la luz mala".

Aquello fue alucinante, después debieron estar al menos media hora en el lugar para recuperarse del susto, comentando el tremendo miedo que sintieron y el misterio de "la luz mala".

Ese fue el último viaje de Marcelo con los músicos y con su abuelo Leonardo porque tuvo que regresar a Buenos Aires con sus hermanos y Mamacalu, y alejarse de su abuelito querido que hacía de abuelo y padre para todos ellos, ¡Marcelo lo quería tanto! Por ser tan bueno les ofreció casa y comida, cuando los veía mal sufría mucho, ¡tenía un gran corazón! Era un genio, fue la inspiración de Marcelo.

PROMESAS INCUMPLIDAS

Marcelo tenía once años cuando regresaron a Buenos Aires, los primeros meses Demetrio los pasó con sus hijos y Mamacalu. Luego faltaba muchas veces a la casa, iba cuando quería, volvió a ser el mismo de antes, mujeriego y bebedor. Mientras su padre seguía de parranda con sus amigos, de fiesta en fiesta; donde no faltaban mujeres, su madre seguía teniendo más hijos, y cada vez que el padre volvía a casa borracho, la maltrataba, la humillaba y le decía muchas cosas desagradables.

Cuando Demetrio quería llevaba a trabajar a sus tres hijos mayores como ayudantes en la construcción, si les tenía que pagar 500 pesos a cada uno por semana, les daba $50 para repartir entre los tres hermanos. Estos pocos ingresos le daban a Mamacalu para la comida porque el padre no proveía dinero a la casa, y si lo hacía, era muy poco. Demetrio explotaba a sus propios hijos en el tema laboral. Tenían un solo pantalón que tenían que lavar cuando llegaban por la noche a la casa para usarlo al siguiente día, aunque estuviera mojado o húmedo, se lo debían poner para continuar trabajando, según las órdenes de su padre.

LA COPA DEL MUNDO CUBIERTA CON UN PONCHO MILITAR

Al inicio de la década de los 70s empezó la dictadura militar, Marcelo recordaba que, para ese tiempo, en el barrio donde vivía llegaban cuatro o cinco camiones del ejército por la noche, y cortaban la luz general de todo el barrio, los militares entraban a las casas en grupos de siete soldados uniformados y con metralletas en mano.

La gente estaba aterrorizada, pateaban puertas y ventanas para poder entrar a las viviendas, se escuchaban gritos muy feos de las mujeres y de los niños, a los hombres les pegaban y los arrastraban de los pelos, a las madres les quitaban a sus niños a los que estaban amamantando, los tiraban de los brazos o las piernas como si fueran de goma y los encerraban en el baño, los chicos lloraban de miedo e incertidumbre porque no sabían lo que estaba pasando con sus padres, a quienes los militares subían a los camiones, y la mayoría de las veces era lo último que se sabía de ellos.

Al otro día la mayoría de los perros del barrio aparecían muertos. Por las calles deambulaban niños de 10 a 14 años, bebés y ancianos, quienes dependían de las personas que los militares se habían llevado.

Dejaban a miles de familias destrozadas, ellos no perdonaban a nadie.

Esta gente que se llevaban los militares eran trabajadores de distintos ministerios del gobierno anterior a la dictadura, trabajaban como cocineros o en la limpieza de los edificios, o como mensajeros, la mayoría tenía muchos años en esos puestos de trabajo, en fin, los militares creían que esa gente vendía información secreta de los altos mandos.

Esto no pasaba solamente en los barrios, sino también en los campos, fincas de miles de chacareros, gauchos con inversiones en ganaderías, miles de hectáreas de campos de cultivo y siembras que los dueños habían trabajado toda su vida.

Los gauchos perdieron sus tierras, la gran mayoría por extorsión de los militares, quienes entraban a los campos y buscaban al patrón, rodeaban la casa para que no se escapara nadie. Los altos mandos del ejército se sentaban como si ellos fueran los propietarios del campo, después le ponían un documento en la mesa, el gaucho se veía obligado a firmar, a cambio de su propia vida debían entregar sus tierras, ganados, tractores, camionetas, caballos de carrera, y, si a un militar se le antojaba, hasta la honra de sus hijas.

En 1978 Argentina ganó el mundial de fútbol, los militares que para ese tiempo maltrataban a tanta gente, asesinaban a los opositores del gobierno, se robaban los bebes recién nacidos y los vendían al extranjero; camuflaban todo esto con la victoria del mundial, siempre repetían que los argentinos eran los mejores.

¿DÓNDE O CON QUIÉN ESTARÁN?

En 1979 Mamacalu dio a luz a gemelos, en el hospital del barrio no la podían atender por no estar equipados para atender un parto de dos niños, la enviaron al hospital de La Plata donde nacieron los bebes, la madre los amamantó tres o cuatro días, luego los llevaron a la incubadora.

Un día la enfermera le dijo que uno de los bebés había fallecido, Mamacalu, aunque estaba enferma quiso verlo pero pusieron a un policía militar en la puerta de la sala donde se encontraban los recién nacidos, para que nadie pasara. Al quinto día fue un doctor y le dijo que murió el segundo bebé, que le darían el número de nicho junto con las libretas de nacimiento para que fueran a verlos. Cuando fueron a verlos no había nada, todo era mentira.

Mamacalu y Demetrio estaban destrozados, querían verlos, lloraban y necesitaban tenerlos en sus brazos, se preguntaban por qué, qué había pasado si los bebés estaban bien.

Todo era un robo a las madres, la enfermera que le dio la primera mala noticia del bebé le dijo que no se preocupara por esos dos, que el próximo año ella iba a tener otro hijo. Ellos imaginaban que ella sabía algo pero no podían hacer nada al respecto.

Demetrio los amenazó con denunciarlos en cuanto estuviera en su casa. Llegando al domicilio vieron un coche negro que se aproximaba y dos personas vestidas de traje se bajaron, se encaminaron hacia su casa, preguntaron por sus padres y los amenazaron de que se los llevarían y no volverían a ver nunca más a sus otros hijos si comentaban con alguien lo ocurrido.

Toda la vida estuvieron amenazados por los militares, había mucho miedo, en la casa no se podía hablar del tema. Mamacalu y Marcelo eran los únicos que hablaban de los gemelos y como se los arrancaron de sus brazos, lo hablaban a escondidas y cada año que pasaba su madre le recordaba el cumpleaños de sus hermanitos. Marcelo intuía que estaban vivos, que los militares los habían vendido, eso era lo que estaba siempre en su cabeza.

EL DOLOR DEL HAMBRE

Marcelo siempre veía sufrir a su madre cuando no tenía nada para darles de comer, un día cuando tenía ya trece años llegó a la casa y vio a Mamacalu acostada en la cama, le preguntó: "¿mamá qué te pasa?" Ella le contestó: "nada hijo, me duele el estómago".

Él pensó que el problema que tenía no era solamente el malestar, sino que más bien era el dolor del hambre, entonces la madre dijo, "ya se me pasará hijo, no te preocupes", cuando le preguntó, "¿mami hay algo de comer?" ella le contestó que no había nada, "tu padre no aparece y no ha traído dinero" respondió ella con la mirada perdida.

Entonces, Marcelo fue a la cocina, rejuntó restos de harina, hizo una masa para tortitas, las puso a freír con un poquito de aceite, le pidió un poco de yerba mate a la vecina y sacó un plato de tortas fritas, fue a la habitación de su madre y le dijo que se sentara porque iban a tomar mate con tortas fritas.

Mamacalu sonrió, y le preguntó cómo había podido hacer mate y las tortas si no tenían nada en la casa, Marcelo le dijo a su mamá que tenía que curarse. Eran muchos los días sin comer, lo veía en sus ojos.

Adoraba a su madrecita, lo que ella sufría él lo sentía en el alma y sentado en la cama le preparaba mate y le contaba sus sueños, le decía "yo voy a ser un gran cantante, voy a viajar por el mundo y los voy a llevar a todos conmigo", le recordaba que además sus tíos eran cantantes y bailarines, lo llevaba en la sangre. Algunos fueron profesores de Malambo Argentino, todos los hermanos cantaban, por parte de su padre también corría la vena artística. Marcelo siempre cantaba con sus hermanos y sus tíos.

OJOS AZULES

Cuando tenía quince años hizo de padre de un chico de diez. Resulta que Marcelo tenía un amigo llamado Paco con el que jugaba fútbol, Paco frecuentaba muy seguido su casa, iba a comer con ellos y algunas veces a tomar mate, conversaban de varios temas. Una vez Paco le contó que su padre jugaba mucho a las cartas y apostaba dinero en los bares del barrio, se gastaba todo su sueldo en apuestas y llegaba a casa con las manos vacías, su madre discutía con él y cuando eso sucedía, lo corría de la casa, ellos eran cinco hermanos y gracias a su madre comían.

Otra vez le contó que tenía un vecino llamado Anacleto, éste era muy borracho y tenía un niño huérfano viviendo en la casa "ya está ahí desde hace seis meses", en esa familia vivían además de la esposa, tres hijos de ellos. Le comentó que este tipo maltrataba muy feo al pequeño, lo trataba de adoptado y le pegaba con una tabla,

lo había puesto a trabajar en una panadería para que barriera y fregara el piso del local, le pagaban muy poco, le daban unas masas dulces y un poco de dinerito, este hombre, Anacleto, se lo quitaba todo con la excusa que él lo había sacado del instituto de menores. De igual manera, si el niño se entretenía jugando a las bolitas, cuando llegaba a la casa, al pasar al fondo lo agarraba a golpes con una tabla. Paco decía que era brutal, él le gritaba que lo dejara que no le pegara más pero el hombre no escuchaba a nadie.

Marcelo le pidió a Paco que fueran a donde él vivía ya que había quedado intrigado por lo que le contó, al llegar le dijo a su amigo que entrara a la casa porque él quería hablar con Anacleto acerca del niño. Esperó en el alambrado que daba a la vivienda de su amigo, llamó varias veces, golpeó con las manos y los perros empezaron a ladrar, en eso vio salir desde el fondo a ese hombre con cara de pocos amigos y un tanto despeinado que, desde donde se encontraba le gritó… "¿Qué necesitas pibe?", Marcelo contestó que quería hablar con él, Anacleto no se fiaba, porque no se acercaba, Marcelo le volvió a gritar y él desde el fondo le respondía,

entonces lo amenazó directamente con denunciarlo por maltratar a un menor, él, borracho, perdió la paciencia, enfurecido se puso de todos los colores. Le gritó que a él que le importaba lo que hiciera en su casa, insultándolo por ser un "mocoso de maula".Marcelo en ese tiempo trabajaba con Juan, su hermano mayor, en las reparaciones de la casa de un abogado prestigioso llamado Isidro, quien estaba casado con una ingeniera agrónoma. Marcelo le comentó al letrado del caso del borracho de Anacleto ya que los apreciaba y compartían algunas veces parrilladas y tomaban mate. Isidro apoyó su decisión, Marcelo era muy joven pero estaba actuando maduramente, quizás por los golpes que le había dado la vida. El abogado le aconsejó que le dijera que si no negociaba lo iban a demandar.

Regresó a hablar con Anacleto, entonces Marcelo le hizo saber que tenían una grabación del maltrato que estaba cometiendo contra el niño, y que iba a usar esa prueba para demandarlo. El tipo, más enojado aún, gritaba que él era el único que tenía derecho sobre el niño, en ese momento Marcelo dijo que al día siguiente se presentaría con su abogado y la inteligencia policiaca para registrar su casa y llevarse al niño, Anacleto se abalanzaba sobre él con deseos de matarlo, pero Marcelo no le tenía miedo, no se alejó del alambrado en ningún momento, sus palabras eran seguras y firmes; en eso salió la mujer del borracho y le preguntó porque defendía a ese pibe que solo le había traído problemas. Ella escuchó que la discusión se volvió muy fuerte por eso le pidió a su marido que entregara al pequeño, eran como las seis de la tarde, justo en ese momento llegó el niño cuando estaban en medio de la trifulca y el pobre ignoraba que él era la causa de ese lío.

El chico era de estatura pequeña, su cabello era rubio y tenía un par de ojos azules como el cielo, desde aquel momento Marcelo lo llamó *Ojos Azules*. La mujer, ya cansada, le gritó al marido que diera al niño antes de que Marcelo trajera un regimiento porque lo vio muy seguro y capaz de hacer eso y algo más si no le entregaban a Ojos Azules. Anacleto parecía que tenía algo sucio porque, cada vez que se mencionaba a la policía, el tipo empalidecía, nunca se enteró si en verdad tenía trapicheo o algo de eso en su casa, la mujer además le insistía mucho en que le diera al niño, algo ocultaban. Después de mucho discutir Anacleto cedió y gritó: "está bien llévatelo, pero si sale delincuente yo no tengo nada que ver, a mí no me conoces, ¿me escuchaste pibe?", luego llamó al chico y lo señaló con el dedo, "te vas a casa de este pibe", a lo que Marcelo agregó, "te vas conmigo, te vamos a querer mucho, vas a ser mi hermanito menor, mis padres te van a querer como a todos sus hijos verdaderos", y agregó que ellos eran once hermanos, mientras lo ayudaba a cargar sus maletas.

A todo esto Marcelo no había hablado con el caudillo, o sea con Demetrio, al llegar a casa dejó las cosas en el salón, se dirigió hacia el dormitorio de sus padres, y fue en ese momento que le comentó lo ocurrido con Ojos Azules, este le pidió que le permitiera tenerlo en casa mientras lo ubicaban en otro lugar donde pudiera vivir, esto sería algo temporal. Su padre dijo "recuerda que tienes a tus hermanas y vas a meter un desconocido en la casa" pero, a pesar de eso, le dio permiso de que Ojos Azules se quedara con ellos.

Debo decir que ese día Demetrio estaba de buenas porque había ganado un dinero en la lotería, tenían para un asado y vino para él. Marcelo saltaba de alegría y hasta le dio un beso a su papá, se sentía todo un triunfador.

Al poco tiempo de que Ojos Azules estuviera con ellos, Marcelo conoció a la familia Núñez, quienes tenían una posición económica muy buena y querían llevarse a su amigo. En la casa se armó un alboroto en la que Marcelo casi sale golpeado, Demetrio fue el primero en apelar a favor del niño y le preguntó si acaso no tenía corazón, que él no iba a permitir que Ojos Azules se alejara de la familia, Mamacalu que siempre fue una persona tranquila, dio el grito al cielo y, por primera vez, mostró su desacuerdo con su hijo favorito y así uno a uno fueron exponiendo las cualidades y los porque Ojos Azules debía permanecer con ellos. Marcelo tuvo que hablar con la familia Núñez y explicarles que el pequeño ya tenía un hogar.

Pasaron los años y el pequeño se hacía un hombrecito, creció con todos sus hermanos y nunca se fue de la casa. Trabajaba con ellos en la construcción y, además, mantuvo el trabajo de la panadería. En el poco tiempo que le quedaba libre jugaban fútbol pero era muy malo y despatarrado para la pelota, no tenía futuro como deportista.

Marcelo era muy mandón, siempre marcaba sus pasos para que no se desviara y podría agregar que se portó muy bien, hacía caso cuando este le hablaba, lo respetaba mucho al igual que a Mamacalu. Si él tenía algún problema siempre hablaba con ella o Marcelo, la mamá por su parte lo controlaba como a uno de sus propios hijos, si caía enfermo con una gripe o dolor de estómago le preparaban un remedio casero. Lo querían mucho.

Cuando tenía 17 años Marcelo le planteó la idea de conocer a su verdadera familia, él le contestó que para qué si ellos nunca le quisieron, Marcelo le explicó que era necesario enfrentar esa realidad porque "¿Tú si quieres a tus padres y a tus hermanos, o no?". Se le saltaron unas lágrimas, lloró sin parar, después se paró frente a Marcelo y abrazándolo fuerte dijo: "¡Tú, eres mi hermano!" y se abrazaron aún más fuerte, en ese momento lloró como un niño pequeño, a Marcelo también se le empañaron los ojos, al escuchar su llanto más profundo.

Para él era su hermanito querido, a quien siempre cuidaba y temía que se fuera de su lado, pero lo convenció para que fueran juntos a ver a sus padres y escucharlos, además, después de tantos años, era bueno que viera a sus hermanos y pudiera también hacer alguna amistad con ellos.

Le propuso que él iría primero a tocar el timbre, les hablaría a sus padres y, según la reacción de ellos, luego pasaría Ojos Azules. Marcelo encaró como un toro a esa familia, llamó a la puerta y salió un hermano, le preguntó por sus padres y salieron todos a la vez, hasta se achicó un poco al verlos a todos juntos.

Al nombrar a Ojos Azules todos lo querían interrogar acerca de su paradero porque en esa casa siempre hablaban del niño. Marcelo les presionó un poco y les dijo que si lo traía, al margen de todos los problemas que hubiesen habido con él, que le hablaran y lo trataran bien ante todo porque ya tenía 17 años y era todo un hombrecito muy golpeado y sufrido por lo que había pasado en su vida y aparte porque, para él, Ojos Azules era su hermanito, les recalcó que por favor lo trataran bien, aunque fuera por esa vez y luego quedaría en sus manos, solo iba a pasar a saludarlos, se pusieron de acuerdo y ellos le pidieron que lo trajera.

Salió de allí, caminó una calle hasta donde había un quiosquito donde vendían refrescos y golosinas, ahí estaba su hermanito tomando un refresco, sentado en el tronco de un árbol viejo que estaba tumbado y lo vio con sus ojitos azules que le resaltaban de los nervios de encontrarse con su familia. Le preguntó anhelante: "¿Qué pasó?", Marcelo le contestó que ellos querían verlo para hablar de su vida, además le dijo que fuera tranquilo que solo los iba a conocer y regresaría a casa con él, agregó que le diera una oportunidad a su familia.

Por fin llegó a la casa y ellos estaban en la puerta, Marcelo les había dicho que llegaría en diez minutos, y fue así que se enfrentó a todos, él fue muy centrado en su encuentro, la primera en abrazarlo fue su madre, seguida de sus hermanos pequeños, él era el mayor, por último se acercó su padre y no lo abrazó, solo le dio la mano y le dijo "por fin te acordaste de tu familia", mientras le apretaba la mano, a lo que él le contestó, "yo no he venido antes porque usted nunca quiso que yo apareciera en mi casa, cuando usted no estaba yo vine algunas veces y mis hermanos me echaron porque le hacían caso, ese era el problema de venir a verlos y ahora vengo solo para visitarlos y me voy con mi hermano mayor que me está esperando en el quiosco de la esquina, él no se va a ir hasta que yo llegue". El padre cambió de parecer y le dijo, "entra hijo, para que hablemos junto con tu madre y tus hermanitos".

Marcelo esperó más de una hora, cuando Ojos Azules llegó estaba muy contento por un lado y triste por otro, pues no sintió el mismo calor de familia que sentía en la familia de Marcelo, además, ya pensaba diferente. No aguantó más y dijo "hermano vámonos a casa". Marcelo le comentó que se sentía orgulloso de él por haber enfrentado la situación, Ojos Azules quedó de volver a visitarlos pronto, le palmeó la espalda a Marcelo y sonreía mientras caminaban, saliendo de aquel barrio que lo vio nacer.

Pasaron los años y siguió viviendo con la familia de Mamacalu. A los 20 años se independizó, e hizo a Marcelo tío de un nene divino que lo colmó de la felicidad que le hacía falta. Se convirtió en un padre cariñoso y feliz, se fue a vivir cerca de la casa de ellos, siempre tuvo el apoyo de Marcelo y vivió con el respaldo de toda la gente que lo quería. Su familia siguió en contacto con él y lo visitaban muy seguido. A Ojos Azules Marcelo también lo llamaba "El amigo íntimo", por el hecho de ser amigos y confidentes.

RESPETA A MI MADRE

Una noche Demetrio, llegó bebido, empezó a gritar e insultar a Mamacalu, el alcohol lo tenía cegado. Marcelo para ese entonces tenía 16 años, no aguantó más de escuchar llorar a su madre y, aunque estaba en calzoncillos salió corriendo a defenderla, enfrentándose a su padre.

Nadie podía contradecir sus palabras, mucho menos levantarle la mano porque lo que tenía a su alcance, ya fuera una botella o un palo, se lo pegaba por la cabeza. Sus hijos mayores no le contestaban nunca. Marcelo fue el único que le plantó cara, entonces, lo corrió de la casa.

Empezó a vivir solo, aprendió a valerse por sí mismo, a cocinar, a lavar la ropa, a trabajar en plomería, a ser muy estricto al momento de pagar la estadía de la pensión donde vivía, y de más. Por ser un muchacho muy responsable los dueños lo querían mucho.

A los nueve meses volvió a su casa con unos regalitos para Mamacalu, había aguantado mucho tiempo sin verla, su madre, pobrecita, le pedía que volviera a casa "al tonto de tu padre ya se le pasó lo del problema que tuviste con él", él le contestó que volvería, pero que iba a dejar pasar un poco más de tiempo.

EL PRIMER AMOR DUELE.

Un día, cuando Marcelo tenía 17 años conoció a unos chicos en el barrio que lo invitaron a bailar. Ellos eran tres hermanos, un varón y dos mujeres, en el baile una de las chicas, Salma, se le apegaba mucho al bailar boleros, no hubo besos, aunque no faltaron las ganas, pero Marcelo era muy respetuoso y la trató solo como una amiga, así comenzó la amistad con las dos chicas y su hermano.

Una tarde de verano, Salma pasó con una amiga por su casa para invitarlo a la piscina, fueron todos a bañarse, comieron y disfrutaron todo el día. Cuando estaban en el agua, ella lo tomó de la mano, se dieron un piquito y una mirada profunda con la que se demostraron mucho amor, desde ese momento comenzó su romance, empezaron a salir a escondidas.

Al pasar un par de meses, su hermano Gabriel, les dijo que tenían que hablar con Ramón, el padre de ellos porque Salma tenía solo 15 años.

En un principio Marcelo se asustó, pero no dudó porque la chica le gustaba mucho, se pusieron de acuerdo en que sería ella quien hablaría primero y le diría "me gusta un chico y él quiere hablar contigo para formalizar un noviazgo". Marcelo llegó a la casa de su novia sin problemas, Ramón no era argentino, por lo tanto no se le iba a hacer fácil ser aceptado como novio de su princesita, Salma le dijo a su padre que estaban enamorados, que Marcelo era un chico bueno y trabajador y que por favor hablara con él, el padre dijo que hablaría pero que ella tenía que hacer méritos con los estudios y con su carrera de modelo, Marcelo se sintió respaldado por Salma. Habló con Ramón, el hombre tenía una mirada fija y una voz afónica que no pronunciaba bien el español, conversaban y Marcelo no entendía nada porque, además de estar muy asustado, él hablaba mal y muy rápido, su hija tuvo que pedirle que parara de hablar y se ofreció como traductora.

Ramón puso sus puntos en claro, impuso unas normas para que Marcelo llegara a la casa como novio; "perfecto" dijo el padre de ella. Le preguntó su nombre y en que trabajaba, él le contestó que trabajaba en el gremio de construcción y le pareció bien que trabajara desde pequeño, que supiera ganarse la vida.

Le impuso sus condiciones, podría visitarla los martes y jueves de 8 a 10 de la noche, y los sábados de 10 a 1 de la madrugada, pero con un cuidador, Gabriel, el hermano tenía que estar con ellos en todo lugar, no podía perderlos de vista ni un momento, Ramón era peor que un sargento y por supuesto, su princesa era todo para él.

Ellos tenían una posición económica buena, con una casa de tres pisos, el hombre y sus hijos tenían buen trabajo. Después de un corto tiempo empezaron los comentarios de como vivía Marcelo y con quién, esto lo puso en apuros ya que tenía 10 hermanos y con los padres eran 13 personas que vivían en una casa muy pequeña.

Pasaban los meses y seguían los interrogatorios, que cuánto ganaba y que su hija no era para él porque Salma estudiaba y se preparaba para modelo y él era un Don nadie, además en su familia eran muchos y muy pobres.

Ramón quería para su hija un hombre de dinero, un actor o un arquitecto por ejemplo, Marcelo no tenía estudios porque trabajó desde niño y no tuvo esa oportunidad. El padre continuaba hablándole mal de su novio a Salma.

Marcelo estaba cada día más enamorado y Salma también, al menos eso aparentaba, ella lo trataba con mucho cariño. Sus hermanos eran muy buenos, sabían que él era responsable y trabajador, además de un buen deportista, no bebía ni fumaba, por lo tanto, esas cualidades tenían mucho valor para los chicos pero Carla, la madre de ellos, en complicidad con Ramón le hacían la guerra, querían que lo dejara y buscara otra persona de mejor nivel. Marcelo cumplía con lo que pidió el padre de Salma, respecto a los días de visita llegaba el martes con masas dulces para tomar mate, respetando siempre el horario de las 10 de la noche. Ramón le abría la puerta y apagaba la luz del comedor antes de que saliera. Aguantó así durante un año.

Un jueves que fue de visita, se encontró con una sorpresa porque, al acercarse a la esquina de su casa vio a su cuñada Estela, quien le dijo que su novia no estaba, Marcelo le preguntó "¿Qué pasa, a dónde fue?" Sorprendido y un poco nervioso porque no quería perderla, estaba muy enamorado.

Estela le explicó que Salma le había pedido que cuando él llegara le dijera de pretexto que ella estaba en casa de su madrina pero su cuñada, que lo apreciaba mucho, le contó que en realidad ella había salido con un chico que era actor de cine, como sus padres querían.

Estela lo llevó hasta la casa donde ella se encontraba,

le pidió que llegara solo y que tocara el timbre, así lo hizo. Salma abrió la puerta y nerviosa le preguntó qué hacía ahí, Marcelo le pidió que saliera que debían hablar, ella se negó, aunque Marcelo insistía.

Se sentía derrotado, por su cabeza pasaban todos los maravillosos momentos que habían vivido juntos, y con la confusión y dudas se preguntaba qué hizo mal, en qué se había equivocado. Después de mucho insistir ella salió al portón de la casa, Marcelo la tomó de la mano y la obligó a seguirlo, quería que hablaran solos, sin testigos.

El dolor le impedía pensar, le preguntó por qué estaba en esa casa a donde ella no iba nunca, la presionó para que le dijera la verdad, que no le mintiera porque no se lo merecía y, aunque fuera más doloroso aún escucharlo de su boca, necesitaba saberlo, ella le confesó todo lo que estaba sucediendo. El dolor se transformó en ese instante en una rabia incontrolable y le dio una bofetada mientras las lágrimas corrían por sus mejillas, le pidió que no hiciera eso nunca a otra persona, que no era bueno jugar con los sentimientos ajenos.

Ella furiosa lo amenazó con decírselo a su padre, éste le contestó que lo hiciera, además le dijo que él también hablaría con Ramón, se dio la vuelta y se marchó llorando de impotencia y dolor.

Estela que aún lo esperaba le aconsejó que hablara con su padre, que le dijera que ya no eran novios, no fuera a volver con un regalo a casa y que lo acusaran de ser el responsable.

Media hora más tarde, Marcelo habló con Ramón, le dijo que su princesita estaba con otro chico y que a partir de ese día él no tenía nada que ver con ella. Éste sintió gran satisfacción, pensando que su hija había hecho lo que más le convenía.

Al pasar el tiempo, Marcelo se enteró, siempre por medio de Estela, que la princesa se escapaba desde el segundo piso, por la ventana de su cuarto, para irse a bailar con sus amigas, al parecer le gustó la soltura y lo hizo de otra manera. Colgaba una cuerda y se deslizaba por ella hasta la calle.

El actor la dejó enseguida diciendo que ella era muy infantil. Un año y medio después, en un baile, conoció a un chico apuesto y con mucho dinero, Salma quería satisfacer a su padre. Marcelo seguía sufriendo, ya que se enteraba de todo lo que ella hacía ya fuera bueno o malo, sus excuñados lo seguían tratando como si fuera uno más de la familia.

Un viernes ella salió de la misma manera que lo hacía siempre y no regresó a la casa hasta el lunes, la familia desesperada presentó una denuncia a la policía por su hija desaparecida. Al ser menor de edad empezaron los problemas para la familia.

Cuando Salma regresó les dijo a sus padres que conoció a un chico, que estaba muy enamorada de él y que se iban a juntar. Ramón no lo podía creer, la furia se apoderó de él, tomó un cable que era lo que tenía en ese momento a la mano y le dio una paliza, la lastimó de una manera inhumana, quedó ensangrentada por todo su cuerpo debido a las heridas que le causaron los golpes, no pudo salir a la calle por un buen período.

Marcelo la miraba cuando iba a encontrarse con Estela y Gabriel, sus hermanos, por la ventana de su habitación o el patio de la casa, le desgarraba el alma al ver en lo que se había convertido porque él aún la seguía amando en silencio.

Un mes después, un viernes, cuando se recuperó de la paliza, la joven se volvió a escapar de la misma forma que lo hacía antes, el sábado por la mañana su padre corrió a poner la denuncia a la policía para que la buscaran, su idea era internarla en un instituto de menores, la existencia de toda la familia se complicaba, en especial la de Ramón porque él se sentía culpable de haberle dado rienda suelta con la idea de que encontrara una persona mejor que Marcelo, su hija se le escapó de las manos, ya no tenía ningún control sobre ella.

La policía la encontró ocho meses después en las afueras de Buenos Aires en uno de los muchos lugares pobres llamados Villa Miseria, donde las casas son hechas con cartón y chapas, todas similares. Ella vivía en una de estas casuchas con Alfredo, su nueva pareja, tenía siete meses de embarazo.

La policía la llevó a la comisaría y llamó a Ramón y a Carla para que la reconocieran, se veía demacrada, triste y se le notaba su barriguita, no estaban seguros de que se tratara de ella, no tenía nada que ver con la foto de la chica que sus padres habían entregado ocho meses atrás. Seguían con la idea de internarla en un reformatorio de menores para que la corrigieran y volviera a ser la princesa de papá pero no contaban con que los padres del novio se opusieran porque llevaba una criatura en su vientre y era de su hijo, Alfredo se iba a hacer responsable y se casaría con ella.

Salma regresó a Villa Miseria, el novio y los padres de éste firmaron un compromiso en la policía declarando que se casarían, ella seguía siendo menor de edad, tenía 17 años, y Alfredo tenía 21. Ramón y Carla regresaron a casa abatidos, porque no podían hacer nada, su hija estaba con un vago que ni siquiera trabajaba.

Carmen, sufría por que su hijo no trabajaba y ya tenía una mujer a su cargo cuando no podía ni con su propia vida, ella les llevaba comida para que al menos sobrevivieran.

Llegado el fin de semana, Alfredo se preparaba para ir a bailar con el dinero que le daba su madre. Salma no podía decir nada porque si lo hacía, él le pegaba y no le daba de comer, la mataba de hambre.

Ramón siempre recibía llamadas del hospital porque la internaban junto con su bebé por desnutrición. Marcelo sufría mucho por todo lo que le estaba pasando, hubiese dado la vida por socorrerla, aunque tuviera que hacerse cargo del niño, no le importaba nada, pero ella quería a otra persona y no a él.

Así llegó otro bebé y los problemas eran los de siempre, sin dinero ni para comer y mucho menos para los remedios de los niños que se enfermaban seguido. Cada año tenía un hijo más. Salma no escuchaba a sus hermanos que la querían ayudar, pasó el tiempo y ella continuaba pariendo.

Ramón sufría demasiado con los problemas de su hija, estaba mal, cada vez más delgado y curvado por el peso de la culpa. Para empeorar su infelicidad, una noche de invierno, Estela y Gabriel vieron a su madre bajándose de un coche a un par de calles de su casa, era claro que Carla tenía un amante. Ellos le contaron a Marcelo, con quien aún conservaban una bonita relación de amistad, le dijeron se lo dirían a su padre, aunque les costara mucho.

Llegó el momento de enfrentarlo a este otro duro golpe, los muchachos llamaron a sus padres al comedor y retaron a Carla, desnudando toda la verdad, se armó una bronca y volaron un par de bofetadas. Al otro día, por la noche, Carla tomó su maleta y abandonó a la familia, no le importaron ni siquiera sus dos hijos pequeños. Se marchó de noche para no ser vista por los vecinos, no volvió nunca más, se fue con el amante del coche. Años después se corrió la noticia que la vieron borracha y sin dientes con quince kilos menos, se rumoraba que acabó viviendo en una de las Villas Miserias en las afueras de Buenos Aires.

Salma, el gran amor de Marcelo, tuvo 8 hijos, se separó de Alfredo, el padre de sus hijos, luego tuvo un niño más con otro hombre y al final volvió a vivir en su casa con su anciano padre y sus nueve hijitos.

Después de muchos años, Marcelo recibió la triste noticia que Gabriel su amigo de siempre había muerto en un accidente mientras viajaba en moto en una noche de lluvia, resbaló y acabó bajo las ruedas de un camión. Marcelo siente que, a pesar del paso del tiempo, el amor puro que sintió por Salma sigue vivo en él, todo comenzó como un juego y después de tantas cosas que pasaron, todavía todo sigue estando en su corazón.

SUS SUEÑOS TOMAN NOMBRE… ITALIA

Marcelo siempre soñó que algún día iba a poder viajar, la primera vez que le puso nombre de un país a sus sueños fue Italia. Mientras trabajaba en la construcción con Juan, uno de sus hermanos, fue a comprar algo para comer cerca del trabajo, cuando pasaba por una calle escuchó el ladrido de un perro y a alguien que lo hacía callar, en la pared había una pequeña ventana, se asomó y desde adentro le preguntaron si estaba buscando algo, él contestó, entre el ladrido del perrito que no lo dejaba escuchar, que quería saber si cosía zapatillas, que no estaban tan viejas y que quería arreglarlas, Francesco, el señor del lugar, le contestó que él era sastre, el hombre muy amable le dijo que arreglaba y confeccionaba trajes a medida, pero si quería le podía regalar un pegamento especial con el que arregló la pelota de su hijo, le quedaba un poco, decía que era muy bueno. Francesco estaba sentado, se paró y le dijo que lo esperara un momento, que ya venía, fue y le trajo el adhesivo.

Como lo vio con la ropa sucia de trabajar le preguntó si era del barrio, Marcelo enseguida se ofreció para ayudarlo, le contó que su hermano y él eran plomeros pero que hacían todo tipo de trabajos, si él necesitaba hacer algún arreglo le darían buen precio, ya que le había regalado el pegamento.

Él era sastre y su mujer era modista, los dos eran italianos.

Cada día que pasaba lo saludaba y charlaban un poco. Unas semanas después de lo ocurrido, Marcelo se acercó a la ventana para conversar, otra vez el perrito no dejaba hablar, Francesco antes de levantarse alzó un brazo como diciéndole que esperara, él tenía varios sándwiches de milanesas calientes que llevaba para comer con su hermano Juan. De la bolsita salía ese olorcito que mientras lo esperaba quería pegarle un mordisco, Francesco encerró al perro y le dijo "pibe pasa que quiero mostrarte algo".

Él tenía el local junto con la casa, el baño del fondo de la casa tenía una tubería rota y la pintura estaba toda descascarada, por lo que quería que ellos se lo arreglaran, acordándose que le había ofrecido un buen precio, Marcelo le propuso que podían trabajar el fin de semana, a Francesco le pareció bien. Marcelo agarró las bolsitas y salió como cohete porque su hermano estaba esperándolo para comer.

Llegó un poco agitado y sonriente, lo miró y lo primero que Juan le preguntó fue: "¿dónde te metiste boludo? Ya iba a salir a buscarte porque dejaste los documentos aquí donde nos cambiamos, estaba preocupado". Marcelo le pidió que se quedara tranquilo "pibe nos salió un trabajito con un italiano que tiene un taller de ropa, es un sastre, quedé que el sábado le arreglamos un tubo de plomo que pierde agua, además hay que pintar un bañito ya que vienen unos parientes de Italia, dijo que le daba vergüenza que vieran mal la casa", su hermano le contestó enseguida que no podía ya que había quedado con unos amigos, que lo hiciera él o que espera para el próximo sábado.

Marcelo le explicó que estaba comprometido con el italiano y que lo haría él solo.

Cuando llegó el sábado Francesco le preguntó por Juan, éste le dijo que había llevado el coche al taller, que trabajaría solo. Mientras trabajaba veía por la casa cuadros con fotos de gente de dinero y le sacaba conversación al señor. Le preguntó de qué parte de Italia era, a lo que le contestó que de Roma, le preguntó además qué tal era la vida allá, Francesco le contó que sus hermanos vivían bien junto con sus sobrinos porque no tenían su mismo oficio, ganaban mucho más que él en Italia, trabajaban en la construcción y eran especialistas en la colocación de mármol. Marcelo le preguntó porque no iba a trabajar a Italia siendo su país, él le contestó que había vivido toda su vida en Argentina y estaba acostumbrado, además tenía su clientela ahí, que no estaba para luchar más.

Marcelo se puso contento pues era un buscador de oportunidades, era jovencito pero no paraba de pensar en el viaje que tenía pendiente, le preguntó a Francesco si podría contactarlo con sus parientes si Juan y él se iban a Italia a trabajar, él dijo que no solo lo haría sino que iría con ellos a Italia, al inicio trabajarían con sus hermanos, después podía poner una empresa a su nombre, tendrían mucho trabajo, él se llevaría el 10 por ciento de las ganancias, se podría hacer mucho dinero.

Cuando Francesco le hizo esa propuesta Marcelo no lo podía creer, terminó el trabajo y además le arregló un macetero viejo que no le cobró, el italiano se quedó muy contento por el trabajo del baño y sobre todo por el macetero que era antiguo y grande y si lo movían se pariría en dos, Francesco le halagó su trabajo diciéndole que había hecho un milagro y había quedado como nuevo.

Francesco le pidió su número de teléfono para poner un cartel y hacerles publicidad en la construcción, ofreciendo hacer cualquier arreglo. Marcelo no sabía cómo agradecerle al italiano que, encima, le pagó el trabajo del baño. Éste le prometió que se pondría en contacto con sus hermanos, que después le diría como se iban a arreglar para viajar.

Al ver a Juan, éste le preguntó qué tal le fue con el italiano, Marcelo le contestó que le había ido de maravilla, perfecto, le dijo que no pudo haber sido mejor. Le contó que estuvo negociando ya que Francesco tenía familia en Italia y daba la casualidad de que también eran albañiles y especialistas en colocación de mármol, Juan escuchaba sin sorprenderse mucho.

Marcelo le dijo que se quería ir a trabajar a Italia con él o solo, le comentó que el señor pondría una empresa allá y ellos serían socios, Francesco se llevaría un 10 por ciento por poner la cara y buscar el trabajo. Juan, como que no entendía nada de lo que su hermano le contaba, pero Marcelo lo presionó un poco para que hablara con Francesco; por ser el mayor, el italiano tal vez le haría más caso y no le tomaría el pelo.

Fueron los dos hermanos a verlo, Marcelo le presentó a Juan, le dijo que lo traía para que también tratara con él, Francesco se portó muy bien. Les empezó a dar trabajo ahí en Buenos Aires, tenía varios locales en diferentes lugares, por lo que ellos le agrandaron los mismos y levantaron unos muros alrededor de los terrenos, le daban mantenimiento a sus propiedades, estaban contentos porque Francesco los llamaba para cualquier trabajito. Le tenía mucho aprecio a Marcelo, decía que él era como uno más de su familia, porque cuando le indicaba que había algo que hacer él lo hacía, muchas veces sin avisarle a su hermano porque él no tenía en sus planes viajar a diferencia de Marcelo.

A Juan no le importaba el viaje porque siempre se achicaba cuando lo apretaba la responsabilidad, pero este era el sueño de Marcelo desde niño, no era una casualidad, él buscaba el viaje día y noche así que algo tenía que aparecer en algún momento de su vida, era muy inquieto, no paraba nunca.

Después de un año Francesco le dijo que le avisara a Juan que necesitaba verlo para hablar sobre el viaje a Italia, les dijo que él se había puesto en contacto con su gente, pero sus familiares querían que ellos viajaran con él, nunca los quiso engañar, les dijo que su mujer estaba enferma así que se irían en dos meses, les pidió que juntaran dinero para el transporte, debían sacar el pasaporte y aparte llevar algo más de dinero para los demás gastos.

Él haría un viaje relámpago porque su hijo se quedaría solo con la chica que lo cuidaba, su idea era regresar en 30 días a Buenos Aires después de dejarlos acomodados con su familia. Les reiteró el tema del dinero y el pasaporte y les aconsejó que empezaran a estudiar el idioma. Marcelo estaba tan emocionado que no hacía otra cosa que pensar en el viaje, mientras que a

Juan no le gustaba la presión que les impuso Francesco. Pasaron los dos meses y se reunieron con Francesco, ya tenían todos los requisitos que les había pedido, pero cuando le plantaron cara les informó que su mujer seguía mal, por lo tanto no podría viajar, les pidió lo comprendieran ya que él había hecho todo por ayudarlos, el darles trabajo fue para que pudieran viajar pero no se podría, por lo menos no podrían hacerlo ese año.

Se sintieron derrumbados después de todo el sacrificio que hicieron, se habían preparado a raja tabla, regresaron a la casa con la cabeza gacha, pasaporte y dinero en mano.

Mientras tomaban mate con Mamacalu, Juan, sacó unas palabras negativas contra Marcelo, pues él había sido el de la idea del viaje, Juan le dijo que se olvidara de viajar a cualquier parte del mundo, además de que iba a conseguir el número de teléfono de una arquitecta que había conocido que vivía en Bolivia para viajar ahí, porque quería saber los movimientos por allá, la boliviana le contestó y finalmente se fue.

Regresó después de un mes, a Marcelo le pareció raro que se fuera solo porque nunca tuvo las pelotas para salir de la casa y mucho menos del país, volvió sin el dinero que habían juntado los dos, de esa plata, Marcelo no recibió ni una moneda, era mucho, los pasajes en ese entonces costaban $1.500 cada uno y aparte iban a llevar tres veces más del dinero de los pasajes. Juan se lo gastó todo, parecía que se había ido de luna de miel el hombre.

Eso arruinó a Marcelo psicológica y monetariamente, lo dejó por el suelo, tenía que empezar de cero otra vez pero con mucha más fuerzas y sangre de toro, no podía estar derrotado por lo que le hizo Juan, debía seguir luchando por sus sueños que aún seguían en pie.

A Juan, no le importó nunca nada, nunca quiso triunfar y mucho menos salir de la falda de su madre.

Marcelo empezó a moverse mucho más y a trabajar más duro. Un día un conocido le dijo que su padre tenía un amigo que trabajaba en el puerto, que lo pondría en contacto con él para ver si había la posibilidad de que Marcelo trabajara en un barco carguero que llevaba mercancía a muchos países europeos, además le dijo que a ese hombre le pagaban muy bien.

Marcelo contactó a esa persona, quien le aconsejó que debería hablar con el capitán del barco y explicarle su situación para que supiera que no tenía dinero para pagar el pasaje de avión, así lo hizo pidiéndole una oportunidad al capitán, le dijo que podría trabajar en el barco, aparte le pagaría algo, le contestó que lo ayudaría para que viajara en el barco con ellos pero debía pagarle mil dólares, lo llevaría a España pero él no podía hacerse responsable de su viaje clandestino, le explicó que en los puertos subían los guardias de la costera y revisaban todo, Marcelo debería esconderse en un rinconcito que ellos le indicarían, aparte debía trabajar en la cocina todos los días hasta que llegara a su destino. Marcelo le agradeció y le dijo que lo llamaría cuando hubiese juntado todo el dinero.

Volvió a casa donde lo esperaba Mar, su novia paraguaya, era una mujer muy especial y buena que siempre lo había ayudado en lo posible, le contó de donde venía, se sentía mal por la propuesta del capitán y, sobre todo, por el hecho de que no se haría cargo de él; aparte de cobrarle dinero para el viaje, debía viajar como una rata o una especie de esclavo, Marcelo seguía hablando sin parar, Mar le pidió que hiciera silencio "shhh" hizo, poniendo el dedo sobre los labios, la dejó hablar y ella le dijo "papi, tú no vas a ninguna parte en ese barco y mucho menos en esas condiciones, en esos viajes muere mucha gente a la que tiran al mar como carne para tiburones, mejor que tardes un poco más en viajar pero te vas en avión, por 1.500 dólares vas cómodo, te dan de comer, ves una película y sobre todo no arriesgas tu vida". Mar tenía razón, Marcelo le hizo caso a esa linda mujer que llevaría para siempre en sus recuerdos.

EL LADRILLO Y LA FUERZA DE VOLUNTAD

En ese tiempo Marcelo empezó a proyectar su viaje aún más, viajaba a las costas argentinas a trabajar de lavaplatos. Por donde transitaba, nunca se iba de su cabeza que algún día tenía que encontrar a sus hermanos gemelos.

Ganaba en dólares, juntaba dinero, un poco para el pasaje y otro para ayudar a Mamacalu. También compraba vehículos usados, los arreglaba y los vendía para juntar para el viaje. Le preocupaba que sus hermanos estaban desempleados, así que, cuando volvió a la casa habló con Juan y Tito, dos de sus hermanos, y les dijo que tenía la idea de poner un horno de ladrillos para que tuvieran un negocio familiar y así generaran un ingreso.

Marcelo tenía una moto que arregló y vendió, contaba además con 600 dólares que entregó por un camión para transportar el ladrillo. También encontró un terreno fiscal donde había un horno abandonado y se lo pidió al dueño para trabajar, le explicó que tenía muchos hermanos desempleados y no tenía dinero para pagarle pero, si le diera la oportunidad, lle pagaría con ladrillos cuando empezara a quemar. Llegaron a un acuerdo, Marcelo le tendría que pagar doce mil ladrillos, tres mil por quemada y así le pagaría en cuatro tandas.

Empezaron a preparar el terreno, cortar pasto y pronunciar el pisadero, había un pozo en el cual Marcelo se metía a cavar para encontrar la primera napa y tener agua. Con Tito sacaban tierra para llenar el pisadero y preparar para que los caballos siguieran pisando la tierra. Sacaban el agua a mano, ayudados por una cuerda y un cubo de 20 litros.

Fue así como hicieron la primera quemada de 25 mil ladrillos. Era un trabajo muy duro que requería de mucho esfuerzo y poco dinero. Mientras trabajaba con Tito en el pisadero le contaba que estaba juntando dinero para viajar a España, él era el único que creía en Marcelo y lo apoyaba en lo que podía.

BOXEO VS ATROPELLO

Marcelo repasaba en su mente todos aquellos momentos cuando regresaba de trabajar de Mar del Plata a Buenos Aires. Un día, mientras buscaba empleo y administraba el horno de ladrillos, se registró con Santiago, un amigo, en un gimnasio de boxeo en la capital, la Federación de Boxeo Castro Barros. Entrenaba todos los días de lunes a viernes.

Además empezó un trabajo en una granja de todo tipo de carne, este trabajo era muy sacrificado, se tenía que levantar todos los días a las tres de la mañana porque entraba a trabajar a las cinco y hacía un viaje de más de una hora para llegar. A Marcelo le gustaba mucho ese trabajo, decía que entrenaba con las reses que estaban colgadas, soñaba con llegar a ser famoso a nivel internacional.

Siempre que iba a entrenar con Santiago, éste decía que era mejor que Marcelo, conforme iba pasando el tiempo, su compañero empezó a ganar amistad con Ringo, el profesor.

Cuando llevaban 10 meses de entrenamiento, él le propuso al entrenador ponerse los guantes contra su colega, el profesor le dijo que era muy pronto, él insistió y le prometió que solo iban a subir al ring y a entrenar despacio como si fuera una exhibición.

Santiago no sabía muchas cosas de Marcelo, ignoraba que desde pequeños, Demetrio los hacia pelear entre hermanos sin importar que edad tenían, por lo tanto, le tocara pelear con el mayor o el menor, tenía que pelear hasta ganar, llorando o como fuera porque, si ganaba, era bien visto pero si perdía porque el mayor le daba un puñetazo que lo sacaba por la ventana, llorando, debía volver y encararlo.

Cuando Demetrio les gritaba, sus hijos sabían que tenían que pelear, no hacía falta que les pegara. Él se divertía con todos ellos porque revivía su tiempo de boxeador amateur, era bien bruto y además un peleador callejero pero tenía suerte porque la mayoría de las veces ganaba, quería que sus hijos fueran como él.

Un día le propusieron pelear con alguien inusual, se trataba de un oso adiestrado que tenían en un circo, le daban una buena suma de dinero si peleaba tres asaltos, ganara o perdiera le pagarían su parte. Demetrio aceptó el desafío, porque era un campesino muy tosco que había peleado tanto en su vida que ésta para él era otra pelea más y en ese momento iba a ser un artista, ya que tenía que pelear en el circo.

Llegó el día, todos adentro de las banquetas esperando la increíble pelea, había un árbitro que, cuando estaban los dos en el cuadrilátero, le preguntó a Demetrio si se encontraba bien y si largaba la pelea, él respondió: "dale para adelante, que suelten la bestia", el árbitro le sacó la venda al oso y comenzó la pelea. Él tenía solo unas vendas blancas que le protegían las manos, el oso tal cual era, solo que no tenía garras.

En el primer asalto logró pegar unos cuantos buenos puñetazos al animal y el oso retrocedió contra las cuerdas. Demetrio salió a matar, el campesino era muy bruto y además rebelde. Se acabó el primer asalto y el oso en ese tiempo solo se cubría de los golpes, al parecer estaba un poco cegado por la venda negra que tenía hasta antes de empezar la pelea.

Claudio el tío de Marcelo, quien era el entrenador, le dijo que tenía que llegarle de frente, y darle un solo puñetazo en el hocico para que cayera. Empezó el segundo asalto, apenas Demetrio pasó las cuerdas, el oso lo encaró de frente, sacó la mano izquierda de la cintura para arriba y le dio en medio del pecho, lo hizo rebotar contra las cuerdas y caer boca abajo.

El animal se quedó parado en el mismo sitio en que le dio el guantazo, el árbitro corrió a socorrer a Demetrio, lo ayudó a levantarse y Claudio aprovechó para mojarle la cabeza, el árbitro preguntó si paraba el combate y el tosco campesino le dijo que él estaba bien, la pelea continuaba.

Seguían el encuentro y el oso no podía acertarle un puñetazo, al principio porque Demetrio empezó a saltar mucho y el animal estaba un poco descolocado, el árbitro estaba más nervioso que el boxeador porque no hacía caso de retirarse de la pelea y en uno de esos saltos, Demetrio le llegó bien con dos golpes en toda la cara del animal, éste retrocedió un poco, él pensó que lo podía derribar.

Mientras el oso se cubría la cara, sacó la mano izquierda que fue a parar a la cara de Demetrio, lo sacó del ring y lo hizo caer entre el público, que gritaba para socorrerlo ya que había caído mal, quedó semimuerto, entre cinco personas lo levantaron y lo llevaron hacia una ambulancia que estaba afuera, para su suerte solo tenía dos costillas rotas y la mandíbula desencajada.

Ganó el señor oso, claro está, Demetrio se llevó su porción del dinero aparte de la golpiza del oso. El dueño del circo lo contrató como entrenador de boxeo ya que fue muy valiente, y siguieron de gira por Buenos Aires. Volviendo a la Federación, mientras Ringo aún no terminaba de ponerle las vendas a Marcelo, Santiago ya estaba en el ring. Empezó la pelea, de entrada le sacó dos puñetazos buenos, Marcelo usó un poquito la técnica de su padre, empezó a saltar y a pelear poniendo distancia entre ambos, él era más rápido que Santiago y tenía habilidad con los guantes.

La pelea era sin campana, solo tenían que mirar al profesor, además, había algunos curiosos. Ringo solo se dirigía a Santiago preguntándole, "¿qué pasa contigo? Muévete, pegaste dos buenos y te llueven los golpes".

Claro Marcelo tenía un poco más de experiencia que Santiago, había también practicado artes marciales durante algunos años, el profesor vio que lo empezó a golpear duro y enseguida los paró, mientras bajaban del ring les dijo que tenían que esquivar los golpes o bloquearlos en apuro cuando estuvieran contra las cuerdas. Desde ese momento se fijó más en ellos, ya que antes les daba poca importancia. A raíz de aquel pequeño combate, Ringo le preguntó a Marcelo si quería hacer de esparrin de otros boxeadores en el Luna Park de Buenos Aires los viernes con el boxeador que peleaba el sábado, parecía que lo vio más duro para esparrin. Marcelo aceptó y así empezó a entrenar en el Luna Park, lo apreciaban mucho porque no le tenía miedo a nadie.

Tuvo la suerte de conocer muchos boxeadores campeones argentinos, había entre ellos uno muy especial, El Gaucho Puño de Hierro, a quien deseaba conocer algún día y lo logró. Era un boxeador siete veces campeón del mundo quien tenía un pupilo que entrenaba en ese lugar. Cuando lo veía llegar se acercaba y lo saludaba aunque él no lo tomaba en cuenta, le tiraba la llave del coche al señor que estaba en la cabina recogiendo pertenencias de los boxeadores amateur o profesionales.

Su amigo Santiago, con el cual se inició en el boxeo, abandonó el deporte poco tiempo después porque se enamoró, Marcelo en cambio, siguió hasta después de que ganó 3 peleas amateur.

En la granja donde Marcelo trabajaba, empezó a salir con Zoraida, una compañera, se hicieron novios, ella habló con su mamá y le dijo que lo había invitado a cenar para que lo conociera pero la chica no le había comentado que su mamá era vidente. Cuando Marcelo subía las escaleras con ella hacia el primer piso, se encontró de frente con el campeón mundial de boxeo y su mujer, una guapísima modelo. Él Gaucho Puño de Hierro tenía en sus brazos demoledores a su pequeño niño, Marcelo lo saludó, él le dio un apretón de manos y le dijo que lo conocía pero no sabía de donde, entonces Marcelo le dijo que entrenaba en el Luna Park, el campeón mundial le sonrió, en ese preciso momento apareció la madre de Zoraida, abrió la puerta y se lo llevó, ellos se fueron a la cocina a tomar mate hasta que la suegra terminara de hacer su trabajo para el campeón del mundo. Marcelo dejó de entrenar un año después porque salió seleccionado para el servicio militar.

SERVICIO MILITAR

El servicio militar era obligatorio para todos los que salían sorteados, su suerte estaba echada, Marcelo se presentó al siguiente día a un destacamento militar en la capital de Buenos Aires con la carta que le había llegado a su casa, debía pasar revisión médica para que lo valoraran si realmente era idóneo para destacar como soldado.

Siempre le había gustado el concepto de las armas ya que su abuelo, el búlgaro, se había ofrecido de voluntario al ejército, siempre pensaba en triunfar o destacar en algo bueno.

Pasó el control médico y lo llevaron a una oficina donde había dos militares que estaban muy atareados escribiendo a máquina, uno de ellos levantó una mano y le hizo señas que se sentara, Marcelo se preguntaba que le iban a decir estos tipos tan serios.

Pasaron como 10 minutos y no había ninguna novedad, él se refregaba un poco las manos para secarlas porque le transpiraban por los nervios, además le dieron ganas de hacer pis y no aguantó más, se paró y también le hizo señas con la mano al militar, le soltó la voz preguntándole dónde estaba el baño, el oficial levantó una vez más la mano y con su voz ronca le indicó que saliera, estaba a la derecha. Salió rápido y nervioso porque estos tipos no lo atendían, además le intrigaba a donde lo enviarían para instrucción, su familia no sabía si regresaría a casa o lo incorporarían ese mismo día.

Mientras buscaba el baño vio a muchos chicos de su edad que se habían presentado ese día. Ellos también ignoraban a dónde los mandarían, regresó a la oficina de los militares y volvió a sentarse en el mismo sitio, acabándose de sentar el oficial lo llamó por su apellido, le pidió acercarse al mostrador para que firmara un papel que tenía que leer frente a él, Marcelo le contestó "no sé leer", el oficial le dijo: "no se preocupe que aprenderá soldado, eso delo por hecho", él le contestó: "gracias señor".

Le pidió que se llevara una copia de la hoja que firmó, en tres días debía presentarse en la misma oficina para salir en los camiones.

Regresó a su casa sin saber todavía a donde iría a parar, en la capital o en provincia, era una incertidumbre, al llegar a la casa todos le preguntaban cómo le había ido, les mataba la curiosidad porque ninguno de sus hermanos había hecho el servicio militar.

Este hecho coincidió con un fin de semana en casa con toda la familia. Su hermano Tito, organizó una fiesta de despedida para Marcelo con asado a la parrilla y música hasta el amanecer, toda la familia bailó y ponían a Mamacalu al medio de la ronda. Para Marcelo ver a su madrecita bailar y disfrutar era un privilegio por todo lo que ella tenía encima y las cosas que le habían pasado durante toda su vida. Marcelo era su preferido, le gustaba hacerla sonreír, aunque tuviera que hacerse un poco el payaso o sacarla a bailar durante toda la noche.

El baile terminó como a las 6 de la mañana, se prepararon para tomar mate, mientras Mamacalu hacía las tortas fritas Marcelo cebaba el mate, de repente se sumó un amigo de la casa que se llamaba Chicho, el perrito que tenían con su madre. Chicho se unió a la familia una noche de invierno, Marcelo viajaba en moto y pasaba por una calle muy transitada y un poco oscura cuando vio un perrito que se acercaba a una parada, caminaba hacia la calle, pensó que lo matarían los coches en un segundo, era solo un cachorro, además estaba enfermo con sarna, se le notaban las costillas de flaco. Marcelo giró por instinto con la moto, esquivando un par de coches, la gente le gritaba y tocaban bocina mientras lo insultaban, a él no le importó, llegó por el perrito.

Apoyó la moto en un árbol y corrió hacia el pequeño, traía una mochila al hombro porque llevaba comida para su casa, Marcelo lo tocaba con la punta de los dedos para que se tranquilizara y no se fuera a la calle, empezó a hablarle y el perrito solo se quejaba, se preguntaba cómo podía hacer para llevarlo porque, en las condiciones que estaba, el cachorro no podía ni con su alma.

De repente llegó una chica a la parada del autobús, Marcelo trataba de socorrer al animalito, se dirigió a la muchacha y le preguntó si tenía una bolsita de plástico para llevarse la comida y poder meter al perrito en la mochila, la chica muy generosa metió la mano en su bolso grande y mientras tiraba unas galletitas comentó: "no tiene importancia, ese bebé vale más que lo que tiré". Él, sorprendido le dio un millón de gracias.

Al verlo así se le partía el corazón, se lo llevaría como fuera. Sacó la comida, la puso en la bolsita y metió el perrito en la mochila con una camisa que se quitó para envolverlo, ¡el cachorrito temblaba!

Arrancó la moto y se incorporó a la calle muy despacio ya que llevaba consigo al mejor amigo del hombre, 20 minutos más tarde llegó a la casa, le gritó a Mamacalu que le abriera la puerta, porque iba cargado y además llevaba la moto. En ese momento le comentó que rescató un perrito que estaba muy enfermo, lo sacó de la mochila y Mamacalu al verlo se puso las manos en la cabeza. Enseguida mandó a comprar un litro de leche a un sobrino, calentó la leche en un recipiente y consiguió una mamadera de algún bebé que estaba en la familia y lo alimentó mientras lo tenían en el suelo, Mamacalu y Marcelo se pusieron de rodillas al lado del perrito, el hambriento cachorro se acabó el biberón de leche.

Mamacalu preparó un aceite con un compuesto que ella hacía para curar a los animales con sarna, Marcelo agarraba al perrito y su madre lo curaba con un pincel de pintar, lo repasó por todo su cuerpo, el cachorro lloraba sin consuelo ya que era muy fuerte y le dolía. Pasaron un par de semanas y empezó a mejorar, iba muy bien porque estaba comiendo y tomando leche, Mamacalu a raja tabla lo curaba, después de un corto tiempo le empezó a crecer el pelo.

No era un perro muy grande, medía más o menos medio metro, de color marroncito con una mancha blanca en el hocico, ese cachorro se convirtió en el guardián de Mamacalu y de Marcelo, cuidaba la casa noche y día por lo que casi no dormía, era un guardián muy estricto. Toda la familia se encariñó con el callejero alemán, como alguien le puso de sobrenombre, porque no sabían que raza era pero su verdadero nombre era Chicho, así le puso Mamacalu y así se llamó hasta la muerte, quisieron tanto a ese animal como nunca más quisieron a ningún otro perro en la casa.

Llegó el día de partir para cumplir con la patria. Marcelo salió un lunes por la mañana para el destacamento, el mismo sitio donde estuvo tres días atrás, había mucha gente incorporándose al servicio militar, unos a otros se preguntaban dónde les tocaría pero nadie sabía nada del destino, además de la curiosidad del lugar donde irían, tenían una cierta picardía que los hacía reír sin querer porque decían que donde llegarían los esperaban chicas rubias para atenderlos, otro chico decía que les tocaría en La Pampa, con muchas vacas y caballos pero sin mujeres ya que iban a estar en medio del campo.

A Marcelo lo hacían reír un poco dentro del agobio de la espera. Eran alrededor de 100 soldados de civiles, era otoño pero algunos iban vestidos de pantalón y camiseta y otros con ropa de gimnasia y zapatillas deportivas, no hacía frío todavía, además de que la juventud tiene mucha sangre caliente.

Parecía que esperaban que un jefe militar diera la orden de salida, mientras tanto se miraban unos a otros de pies a cabeza porque muchos tenían el pelo largo, con barba, otros con aretitos, unos con botas con pinches, en fin, eran un desmadre aquellos muchachos.

Aparecieron unos militares, un oficial principal y dos sargentos con cara intimidante. El oficial habló primero, pidió que todos hicieran silencio, gritando muy duro, con voz de mandato, les dijo además que a partir de ese momento quedaban a disposición de los sargentos del Escuadrón Ingeniero Mecanizado A11 en Tierra.

Les informó que tres camiones vendrían a buscarlos en media hora, que prestaran mucha atención a sus superiores, y agregó: "A partir del momento que suban a los camiones ya no tendrán ni padre ni madre, por lo tanto, los militares dirigentes estarán al mando de ustedes, deberán pedirles permiso para cualquier cosa, ya sea algo militar o para hacer las necesidades fisiológicas".

Subieron a los camiones que tanto habían esperado, aun en ese momento no sabían dónde irían, salieron del cuartel médico y se incorporaron a la carretera, en el camino llevaban una sonrisa con miedo e incertidumbre, de repente se acercaron a los camiones donde los trasladaban dos patrullas de la policía con las sirenas encendidas, eso se sumó a los gritos de los sargentos que daban y recibían ordenes de los patrulleros.

Las patrullas se ubicaron delante de los camiones y dos motos de la policía guiaban el camino. Marcelo pensó que todo eso parecía como una película de acción, era una escolta para ellos porque los llevaban camino al aeropuerto de Ezeiza, no dejaban de sorprenderlos por las muchas sirenas de la policía motorizada y de los patrulleros que escoltaban a los tres camiones.

Los chicos, con un poco de curiosidad, se trepaban por los lados del camión y levantaban las lonas para espiar a escondidas. Los coches o autobuses que iban por la misma carretera se tenían que hacer a un lado hasta que pasara la caravana de camiones militares. Faltaba poco para llegar pero los muchachos ya estaban cansados del viaje y con mucha hambre, algunos querían ir al baño porque no habían parado en ningún sitio, por lo que debían esperar o reventar, estaban entrando en el ejército, eso no era ninguna broma.

Cerca del aeropuerto había una caravana de camiones del ejército aún más grande, iban a paso de tortuga, muchos de los chicos estaban desesperados, algunos no aguantaban más y querían hacer pis en el camión, Marcelo les decía que faltaban pocos minutos y se bajarían, que aguantaran un poco más. Los camiones del grupo donde estaba Marcelo eran los últimos de la fila, levantaron la barrera y les permitieron entrar rápidamente al aeropuerto siguiendo las muchas señales de los policías de aduana que mandaban mucho y le gritaban a todo el mundo, no sabían cuál era la relación con los militares pero había bases de mando de éstos que demostraban tener mucho poder.

Marcelo y sus compañeros permanecieron callados, solo se miraban unos a otros sin decir palabra porque entendían que los iban a subir en un avión de los tantos que había frente a ellos, también había muchos camiones delante, o sea que les tocaba esperar otra vez, alguien pegó el grito que necesitaba ir al baño o que lo haría ahí mismo, desde la parte trasera del camión el sargento gritó muy enojado que el que necesitara el baño se podía bajar porque en media hora subirían a un avión, al Boeing 707 de Aerolíneas Argentinas, que los llevarían a Rio Gallegos, Provincia de Santa Cruz a tres mil km de Buenos Aires.

Los muchachos quedaron helados, la mayoría de ellos vestían camisetas mangas cortas y a donde llegarían había mucha nieve según les dijo el sargento en el momento que iban al baño a refrescarse. Ahí les repartieron comida, sándwiches de miga y de milanesa, había frente al mostrador una máquina de café, Marcelo agarró un sándwich de miga y fue a sacar un café con leche, los chicos agarraban todo lo que se les apetecía, terminaron de comer y luego regresaron a los camiones a esperar para subir al avión.

Después de comer, tomar algo caliente e ir al baño se sentían más relajados. Marcelo solo le pedía a Dios que todo les fuera bien ya que iban a subir a ese avión que los llevaría al sur de Argentina, a una hora de distancia de Las Malvinas.

El sargento dio la orden de subir a bordo, mientras trepaba las escaleras largas que estaban apoyadas a la puerta del aeroplano a Marcelo le daba la impresión que se movían, a nadie se le escapaba ni una palabra, era la primera vez que subía a un avión, aunque en su cabeza siempre estaba presente su verdadero viaje a Europa esto ya era una sorpresa enorme para él, Marcelo juntaba dinero para el billete del avión para España y en este caso se le presentó la oportunidad sin haberlo planificado.

Estaba ya sentado dentro del avión y su compañero le hablaba pero Marcelo estaba neutro, aun sin despegar ya se sentía en el aire. Su colega le preguntó si estaba bien porque le estaba hablando y él no le contestaba, entonces Marcelo le respondió que lo perdonara, que para él eso era como un sueño hecho realidad.

Esperaban sentados cuando el comandante les indicó que se abrocharan los cinturones para despegar, "en el sitio donde llegaremos está nevando, el suelo estaba cubierto por un colchón de nieve" dijo el sargento, agregó que se les darían una manta al bajar del avión, que no se preocuparan, todo estaba bajo control de los militares en tierra.

Después de tanto esperar llegaron al aeropuerto de Rio Gallegos, al detenerse el avión, el sargento se paró cerca de la cabina de la tripulación y les gritó: "un soldado debe estar siempre alerta", además les dijo que tuvieran cuidado al bajar las escaleras porque estaba nevando y alguien podía caerse, "todo el mundo a bajar". Casi todos estaban en camiseta, al llegar a la puerta del avión comenzaban a temblar pero debían bajar a paso lento.

Ya estando abajo los ponían en fila para recoger una taza para el mate cocido que tenían en un tonel de 200 litros, desfilaban despacio, al pasar les servían con un cucharon grande, estaba caliente pero no sabía a mate cocido sino a bota hervida y sin azúcar, lógico, era el ejército.

Después de más de media hora los subieron a los camiones, fue un viaje cortito como de unos 20 minutos. Los bajaron y los llevaron a una casa grande que se llama Cuadra, eran 100 chicos en total. Como a las 8 de la noche les dieron unos bocadillos antes de dormir. Los chicos no paraban de hacer ruido imitando a los animales, gallinas, cerdos, o monos y se ponían a silbar durante la noche.

Al otro día, a las seis de la mañana, apareció el Sargento Cabrera en medio de la cuadra y con la luz apagada, sonó el primer silbato y muchos cayeron del tercer piso de la litera. Marcelo estaba en la primera cama, no era lo mejor porque los compañeros se caían encima cuando estaban dormidos y, para completar el miedo estaba el Sargento Cabrera que no solo tenía el silbato, sino que tenía una voz ronca que les hacía poner los pelos de punta cuando gritaba.

Les dio las instrucciones, dijo que tendieran las camas las cuales tendrían que quedar planas como una mesa de billar con las sabanas y las frazadas bien estiradas. Entre cama y cama quedaba un pasillo pequeño, al fondo de cada hilera había un cofre, en el pasillo estaban tres conscriptos, tenían que correr por el pasillo sin chocarse entre sí hacia los cofres, al llegar debían dar un golpe que el sargento Cabrera tenía que oír y luego regresar corriendo por el pasillo hacia donde estaba él. Así los tuvo hasta las 8 de la mañana que los llevó a desayunar.

Los reclutas, estaban bañados en sudor, tenían mucha sed y deseaban tirarse en la nieve y comerla a puñados. Algunos de los chicos estaban lastimados porque se cayeron mientras corrían y los otros los pisaron o, al momento de ayudarlos a levantarse, los tiraron de donde fuera, por ese motivo también tenían los dedos ensangrentados aunque también había tobillos torcidos o golpeados pero no podían decir nada porque el Sargento Cabrera los amenazaba que en lugar de estar un año estarían dos en el servicio militar. Les decía que debían cumplir todas las ordenes que vinieran de un superior, de lo contrario irían al calabozo y se atrasaría la salida de permiso o inclusive la salida del ejército, les repetía que el soldado debe ser una pelotita de nervio y no un pelotudo nervioso.

Después de desayunar los llevaron a la peluquería a decir adiós a las melenas, después del corte no se podían distinguir muy bien entre ellos porque todos quedaron pelados, algunos orejones y otros narigones, a Marcelo le bastaba escucharlos para poder reconocerlos y así no perder a los compis.

De ahí los llevaron a recoger la ropa de combate, típico pantalón ancho con bolsillos por afuera, camiseta, una camisa de manga larga, una chaqueta un poquito más gruesa que la camisa y, por supuesto, los borceguíes o sea las botas del ejército, todo de color verde militar menos la camiseta que era blanca y las botas negras con cordones, si por cosas de la vida las botas les quedaban grandes tenían que meterles un pedazo de trapo o, si tenían suerte, un poco de algodón para que no tropezaran tanto.

Les hicieron ponerse el equipo de combate, los llevaron al patio del frente para dividirlos en tres grupos y les asignaron un cabo primero que se ocuparía de cada grupo, Marcelo estaba en el grupo con el Cabo Primero Brite, éste los instruía y les ordenaba hacer ejercicios como salto de rana, cuerpo a tierra, carrera mar, etcétera. En ese lugar no había pasto, solo piedras, así es el sur de Argentina. Durante todo el día los hicieron pegar un tremendo baile. Esa noche no se escuchó ni un solo animalito, nadie silbaba, todos eran unos angelitos, estaban machacados, les dolía hasta la piel y eso que apenas era el primer día.

El tercer día apareció como a las dos de la mañana el Sargento García quien era muy severo, ese día estaba un poco borracho así que se presentó en medio de la cuadra y tocó el silbato, la luz estaba apagada, los soldados saltaron de la cama medio dormidos, los hizo correr entre las camas y los cofres en calzoncillos, tenían las rodillas peladas y ensangrentadas, por lo que chocaban con las camas. El Sargento García era un fracasado porque su familia estaba lejos en el otro extremo de Argentina, se quitaba la frustración con ellos ya que eran nuevos y, según él, tenían que aprender a ser competentes para el ejército porque ahí había muchos nenes de mamá que no sabían ni freír un huevo y en su casa no valoraban a sus padres.

Los soldados seguían las instrucciones del ejército, aprendieron a marcar el paso de desfile, marcar movimientos coordinados, y empezar a manejar la ametralladora que iba desde desarmarla, limpiarla, aceitarla y volver a armarla.

Así fueron pasando los meses, no comían bien, les daban un plato dividido en dos, de un lado les ponían un trozo de carne y del otro sopa con una purga llamada Sal Inglesa, esta sal les provocaba una diarrea tremenda, no los dejaban usar los baños, sino los mandaban a la letrina, o sea, un pozo cuadrado con palos atravesados, de los que se usan en las vías de los trenes, estos eran como unos tres metros de largo, cuando iban a defecar se tenían que sentar porque si se caían, seguro y mínimo se rompían una pierna. Después de comer corrían todos en medio de la nieve hacia la letrina, la nieve estaba congelada por eso se tenían que sentar lo quisieran o no, el tiempo que aguantaran, aunque el hielo les quemara las nalgas que se agrietaban de lastimadas, no podían curarse porque no había nada con que hacerlo.

Los militares los purgaban porque según ellos un soldado debía ser ágil, rápido, valiente y servidor a la Patria, sufrían de hambre. A Marcelo, poco a poco le hicieron cambiar de idea de ser militar, sobre todo por el trato a los soldados, el hecho de que los mataban de hambre y porque a él nunca le gustaron las injusticias.

A veces les tocaba combate por la noche, colgaban bolsas rellenas de cueros, a los soldados los mandaban con la cara pintada y bayoneta calada, debían apuñalar la bolsa que representaba al enemigo.

A veces salían de permiso a un pueblo cercano, para llegar a este sitio debían caminar una hora, paseaban por las calles del pueblo, no tenían ni para comer, golpeaban las puertas de las casas para pedir algo, cuando abrían la puerta no los dejaban ni hablar y les lanzaban el portazo en la cara.

Sucedía que la clase de soldados anterior fueron los que pelearon en la guerra contra los ingleses, cabe decir que estaban en una localidad ubicada a una hora de Las Malvinas, estos soldados no pedían, sino que tiraban la puerta abajo por el hambre que sentían, el ejército no les llevaba comida para todos, estos pobrecitos estaban en guerra y encima no les daban ni abrigo. Se veían obligados a robar para poder sobrevivir, luchaban por la Patria y muchos murieron hasta de hambre, algunos chicos tenían tan solo 18 años, no tenían ni las instrucciones básicas pero se los llevaban igual, no les importaba nada.

Los soldados desesperados y heridos buscaban refugio en el primer pueblo que encontraran, al menos ahí podían comer; por eso la gente del pueblo no les querían dar ni un pedazo de pan a esta nueva clase de conscriptos.

Juan, el hermano de Marcelo, era de la clase de Las Malvinas pero no lo llamaron para el servicio militar, a su amigo Mauricio le tocó por sorteo y estuvo peleando contra los ingleses, decía que las madres de los soldados de todo el país enviaban a los cuarteles militares cadenas de oro, anillos, dinero y chocolate para apoyar a los que estaban en la guerra, en cambio, quienes caían enfermos o heridos no tenían ni un médico, mientras los pobres soldados perdían la vida por la Patria, los altos militares estaban de vacaciones en Francia o Suiza, disfrutando lo que le robaban al pueblo.

Mauricio, se escapó del cuartel, se hizo el enfermo, les robó comida a los mismos militares y, con una bolsa al hombro, caminó durante cinco noches seguidas, de día dormía y se escondía de los camiones militares porque lo estaban buscando, ellos mismos lo podían matar por desertor, así fue de pueblo en pueblo, después de cuatro meses llegó a Buenos Aires, salvó su vida por ser un cobarde o listo.

Para la gente del pueblo los conscriptos eran malos, eso pensaban por la reciente guerra de Las Malvinas, la gente les tenía miedo, creían que los iban a golpear o a robarles. Los soldados salían cada 20 días, con los compañeros empezaron a usar otras tácticas para ganarse la confianza de la gente, algunos de los soldados tocaban la guitarra y Marcelo cantaba.

Los abuelos del lugar empezaron a regalarles sándwiches y café en unas jarras bien calientes, los soldados no les habían pedido y, sin embargo, los habitantes del pueblo hablaron entre ellos y los perdonaron ya que no tenían nada que ver con lo sucedido anteriormente con la guerra de las Malvinas, hicieron amistad y cada vez que iban al pueblo los ayudaban en lo que podían con pequeños trabajos y lo que estaba a su alcance.

En el cuartel el alimento seguía siendo el mismo trozo de carne y la sopa con Sal Inglesa. Los seguían matando del hambre, algunas veces cerca de las dos de la mañana se levantaban cuatro de ellos, Pablo, Damián, Walter y Marcelo y se iban a robar comida, la cocina quedaba como a dos calles de distancia, se movían despacio y en silencio, algunos entraban en la cocina y uno siempre se quedaba afuera vigilando, por lo general le tocaba a Marcelo porque el robar iba en contra de sus principios pero se moría de hambre. Ya les importaba poco que los descubrieran.

Llenaban un par de bolsas con lo que encontraban y regresaban a la cuadra a comer. Llevaban varios meses de soldados y tenían un poco de rebeldía. Comían lo que agarraban ya fuera pan, queso, bizcochos, lo que fuera, siempre encontraban algo. Cuando ya estaban llenos Pablo iba a buscar a alguien para que limpiara lo que habían ensuciado al comer,

se acercaba a una cama, le golpeaba la pierna a uno que estaba dormido y le preguntaba si quería comer algo, el chico saltaba en el aire preguntando que tenía que hacer, la respuesta era que fuera al baño y ahí iba a encontrar una bolsa con un poco de comida, él podía comer todo pero debía limpiar lo que habían ensuciado y tirar la bolsa, no debía quedar rastro de nada, el chico estaba de acuerdo y corría a comer contento y a limpiar todo.

Los del grupo se iban a la cama llenitos sin pensar que podía pasar el día siguiente, ¿qué más daba? Tenían que ser un poco vivos, no tontos porque los soldados los agarraban para el cachetazo.

Un día apareció el Subteniente Principal Pereira en la cuadra, dijo que estaba buscando a un buen cebador de mate, de los cien soldados que había solo Marcelo levantó la mano, le dijo que él era un buen cebador, que se lo podía demostrar, en ese momento el Subteniente aceptó y lo llevó con él a una oficina calientita, ahí había cigarrillos y galletitas, mientras Marcelo hacía mate ellos compartían con él, Marcelo estaba encantado.

Los oficiales fumaban los mejores cigarrillos. En ese lugar se encontraba el Teniente Coronel Carrizo y muchos militares con cargos altos, ellos comían lo mejor y Marcelo estaba con ellos. Se presentaba a la instrucción y si no aparecía lo mandaban a buscar, les caía bien, aparte de ser un buen cebador les cantaba lo que ellos pedían.

Marcelo recordaba a Mauricio, el amigo de su hermano Juan, que se hizo desertor, a él le gustaba cantar, recordaba además que los soldados pasaban mucha hambre ya que la comida llegaba por ración y muy escasa, ellos perdían peso por lo poco que comían, al parecer les ponían algún estimulante para que los soldados salieran a pelear por la patria, cruzaban los aviones ingleses y ellos desde tierra disparaban con el Fal, la ametralladora que había en ese tiempo, muchos caían desde luego.

En las trincheras el soldadito argentino sufría mucho, moría de frío y de hambre, muchas veces no tenía fuerza para tirar del gatillo de la metralleta. El ejército inglés mandaba soldados asesinos, preparados para combatir en el frío, usaban trajes térmicos camuflados, estos soldados, cuando encontraban un soldadito argentino con una mano lo agarraban de la cabeza y con la otra mano le cortaban el cuello.

¿Así cómo se podía ganar una guerra? Con frío y sin fuerzas, los mataba como si fueran gallinas. En esa guerra murieron miles de chicos inocentes que no estaban preparados para la vida y mucho menos para la guerra, muchos de los soldados que se salvaron quedaron mutilados, algunos sin piernas, otros sin brazos y con problemas psicológicos por el ruido de las bombas y ametralladoras.

Nunca los ayudaron con nada, algunos tenían hijos y no podían mantenerlos, otros quedaron incapacitados de por vida, no hubo ninguna ayuda económica o de otra índole. Las madres argentinas se hundieron en su dolor de por vida, llorando la muerte de sus hijos que nunca regresaron a sus casas.

Marcelo pensaba en todo eso y esperaba que algún día estas familias encontraran la resignación por las pérdidas de tantas injusticias. Mientras todo esto pasaba los altos militares argentinos viajaban a Suiza a guardar las joyas y dinero que las madres habían donado para ganar la guerra y volver a ver a sus hijos de regreso en sus hogares.

Esos cuatro sinvergüenzas que cayeron a la cárcel nunca van a pagar todo el daño que causaron a miles y miles de familias destruidas y arruinadas porque muchas de ellas vendieron casas, autos, tierras, todo para poder abrazar de nuevo a sus hijos pero no fue así, pues muchos murieron peleando por lo que decían era Argentina.

Marcelo reflexionaba en todo lo ocurrido y volvía a pensar en Mauricio, el amigo de Juan, su hermano, que había sido inteligente convirtiéndose en desertor, al menos había salvado su vida, de esa forma volvió a ver a su familia y hoy, gracias a Dios, lo podía contar.

Pensando en todo esto cebaba el mate para los altos mandos, trataba de enfocarse en su viaje pendiente a España, aguantaba todo lo que podía portándose bien para no caer en el calabozo y para no perder puntos para su salida, todos los domingos iba a misa y rogaba a Dios que lo dejaran volver pronto a su casa de forma definitiva.

Tenía ya nueve meses en el ejército y se había portado de una manera ejemplar, los grandes jefes estaban muy a gusto con él porque Marcelo era todo terreno, le daba lo mismo si le pedían que lustrara las botas a un teniente, corría a hacerlo mientras preparaba el mate. La cuestión era que lo apreciaban todos en la oficina llamada Mayoría.

Un lunes cuando se presentó a cebar mate, se encontró con una hoja escrita a máquina que decía que al soldado Marcelo Ibáñez del Comando Ingeniero Mecanizado A11 de Tierra, se le daba por finalizado el servicio militar en la Provincia de Rio Gallegos por su cumplimiento con la Patria y por obtener la obediencia necesaria. En conjunto con el Cabo Primero Brite del Batallón y con el teniente Coronel Carrizo firmaron la aprobación y en quince días podía abandonar el ejército. Mientras el Teniente Coronel le leía la carta a Marcelo él pensaba que no se debía culpar a todos los militares por el trabajo turbio causado por unos cuantos porque aún había personas buenas que hacían bien su trabajo.

ESPAÑA

Después de algunos años de haber puesto el horno en marcha, Marcelo completó para el pasaje de avión, pagó 1.500 dólares y una noche en su casa cuando estaban cenando les dijo que se iba a España, que se pusieran en fila para despedirse, Mamacalu no paraba de llorar, le preguntó para dónde iba y le insistía de que era peligroso, que lo podían matar y ni se iban a enterar, Marcelo le dijo a su madre que él tenía una misión que cumplir, primero sacarlos de la pobreza sin importar si él sufría hambre o frío porque iba a superarlo todo y algún día los llevaría con él a España, segundo buscaría a sus hermanitos gemelos robados, además le dijo a Mamacalu, que rogara a Dios por él.

Tito y Juan, lo llevaron al aeropuerto, era pleno invierno y llovía mucho, en dos ocasiones se quedaron tirados en la carretera, tuvo que ayudar a empujar el coche para que arrancara, los conductores pitaban porque era muy peligroso, el vehículo donde viajaban era muy viejo, tenía como 20 años de antigüedad. Marcelo tenía miedo de perder el vuelo pero gracias a Dios, llegaron media hora antes de la partida y pudo embarcar a tiempo.

Una vez sentado en el avión, mojado por la lluvia, aún temblando de frío y de los nervios, empezó a respirar profundamente y pensó: "al fin, después de tantos años de soñar con este viaje", era una cosa increíble, un sueño que se estaba haciendo realidad, un niño muy pobre que quería ayudar a su familia y sobre todo encontrar a sus hermanos. Su sueño siempre había sido viajar a Europa y salir del pozo donde se encontraba, quería superarse, ya que Demetrio no les permitió estudiar, él deseaba aprender y así lo haría. Tenía veintitrés años y una meta clara, cumplir con su misión.

Antes de viajar había escuchado un rumor que, en Miami, en un aeropuerto clandestino, habían encontrado un avión con muchos bebés, no estaba seguro de que sus hermanitos estuvieran ahí pero esa era una pista. Durante el viaje estaba sentado junto a una modelo argentina que iba a desfilar a la Cibeles en Madrid, Marcelo no quería ni mirarla por la vergüenza que sentía, sin embargo, tuvo que sacar fuerzas de donde fuera para pedirle que lo ayudara a llenar los formularios del avión ya que no tenía nada de estudios, ella lo ayudó de manera amable y le deseó lo mejor en España.

Su primer destino fue Barcelona porque en Buenos Aires conoció a Charlie un chico que tenía familiares en España, Marcelo le había preguntado si lo podía contactar con ellos, él le decía que sí, que no había problema, sin embargo le pidió varias veces la dirección y él no se la daba. Como estaba trabajando con el ladrillo, uso la estrategia de llevarle mil ladrillos para que por fin le diera la dirección de ese contacto.

Cuando llegó a Barcelona fue a la dirección de Pedro, tío de ese chico de Buenos Aires, él vivía en un pueblo llamado Piera, a 50 kilómetros de Barcelona, con su madre y su hermana. Ellos lo recibieron en su casa y le pusieron un colchón en el suelo para dormir pero a las pocas horas el chico le empezó a pedir que le prestara dinero, Marcelo solo tenía 700 dólares.

Pasó una semana y seguía sin trabajo, estaba desesperado y Pedro le estaba comiendo el hígado, Marcelo se fue de esa casa porque ya le quedaba poco dinero, consiguió un hostal por un par de semanas más pero también tuvo que irse de allí por no tener para pagar, le pidió de favor al dueño del hostal si podía dejar la maleta, que en cuanto le fuera posible la recogería, dormía en plena plazoleta, para su suerte era verano, comía un pan por la mañana y otro por la noche. Había perdido mucho peso, estando piel y hueso, temiendo enfermarse, buscaba trabajo pero no encontraba.

A los 25 días de estar en España fue a un bar a pedir trabajo, Montse, la dueña le dijo que no podía pagarle porque se estaba divorciando así que Marcelo le propuso un acuerdo, ya que no le alcanzaba para darle un sueldo pero él necesitaba comer, le propuso barrer el local y el sótano, limpiar los baños, trapear el piso y cargar las neveras, todo a cambio de un plato de comida, y así fue.

Terminaba de limpiar al mediodía y se sentaba a la mesa, Montse le traía un plato de comida y un vaso de agua todos los días y así pasó un par de meses. Mientras tanto Marcelo juntaba una que otra moneda con la idea de poder comprarse aunque fuera un café en la barra donde quería trabajar.

Un día mientras se tomaba un café, Jorge, uno de los dueños, le preguntó si quería trabajar en su restaurante porque acababa de despedir a un chico, Marcelo aceptó con muchas ganas pero fue sincero con Jorge, le comentó que no sabía el oficio, ni conocía el dinero de España pero, si le enseñaba, aprendería rápido para no defraudarlo.

Entonces empezó a trabajar duro, alquiló un pisito viejo que era un trastero abandonado, el suelo estaba partido y salían hierbajos, también había muchas pulgas. Marcelo lo limpió y lo desinfectó para poder vivir allí, pagaba un aproximado de trescientas pesetas mensuales, se compró un televisor pequeño como su única compañía. Llegó Navidad, la gente se saludaba mientras él estaba solo en el piso viendo brindar por la tele, sentado en el sofá se le caían las lágrimas como si fuera un grifo abierto, no tenía a nadie.

El dinero que ganaba era poco, le alcanzaba apenas para el alquiler, la comida, la luz, en fin, para sobrevivir. En Buenos Aires ganaba el doble de ese sueldo pero el propósito de quedarse en España era firme. El pasaje de avión lo compró de ida y vuelta y era válido por tres meses, una noche que llegó a casa vio el pasaje, faltaba poco para que se venciera, lo agarró y lo rompió en mil pedacitos porque él viajo a España con una misión: ayudar a su familia, y no se pensaba ir a menos que lo echaran pues no tenía documentos legales.

MADRID

Jorge, el dueño del restaurante, le presentó a Nino, lo acababan de traer de San Juan, provincia de Argentina, era un jugador de hockey, famosillo en el pueblo porque salía en la televisión. Él le contó que venían a España su mujer y Peralta, su suegro, quien iba a montar una empresa de construcción en Madrid. Éste le había hablado de Marcelo, le comentó que era un chico bueno y trabajador, que solo tenía que conocerlo y arreglar precio para que trabajaran en la capital.

Ya en Madrid, la situación de Marcelo mejoró, tanto económica como mentalmente, ahí se encontraba como en Buenos Aires, se sentía bien por la manera en que lo trataba la gente. Con Peralta los primeros tres meses le fue bien, el acuerdo entre ellos era que Marcelo le tenía que demostrar sus habilidades con el oficio de la construcción, albañilería y fontanería, colocación de cerámicas y pintura. El primer mes de trabajo ganaría 1.500 pesetas y el segundo mes, si lograba demostrar todo lo que sabía hacer, ganaría 2.000 pesetas al mes.

Peralta tenía tres ayudantes y Marcelo era el único oficial de primera, para empezar la demolición con los ayudantes Marcelo iba muy rápido pero cuando tenía que hacer las instalaciones nuevas de plomería no porque debían comprar materiales de los que ni él ni Peralta conocían los nombres pero esa era la responsabilidad del contratista. Después del tercer mes comenzaron los problemas con su paisano porque, de las 2.000 pesetas, le pagaba solo 1.500, le prometía que cuando agarrara más dinero le iba a cuadrar el resto, algo no estaba bien con Peralta porque el siguiente mes sucedió lo mismo.

Marcelo trabajaba en Madrid, pero vivía en el piso de Peralta en Villalba, a unos cuantos kilómetros en las afueras de la capital, del sueldo él le descontaba el alquiler de la habitación y la comida, o sea que Marcelo era su mejor trabajador en todos los sentidos pero no le reconocía nada y lo peor era que le seguía debiendo, cada mes que pasaba le pagaba 700 o 500 pesetas menos, así pasaron 6 meses y los dueños de la casa no se perdían ningún detalle.

A Marcelo lo quería mucho Carmina, una abuela que vivía en la casa donde él estaba trabajando, ella veía que la estaba pasando mal porque su paisano no le estaba pagando lo que le había prometido, tenía que mandar dinero a Argentina para Mamacalu y no le alcanzaba. Un día no aguantó más y le dijo al dueño del chalet que Peralta le debía mucho dinero, él quería saber si era verdad que no le estaba pagando, Salvador saltó por los aires, le preguntó por qué le decía eso, éste le indicó que él no quería seguir trabajando así, el señor dijo que al día siguiente agarraría por el cuello al contratista y lo echaría de su casa por sinvergüenza, entonces le preguntó a Marcelo si podía seguir trabajando para él, le pagaría por día, y aparte al terminar el trabajo le prometió que le sacaría la residencia española.

Al día siguiente Salvador esperó a Peralta y lo echó, además le dijo que era un vago sinvergüenza, que había notado que solo Marcelo trabajaba en su casa. Este se quedó trabajando para esa gente linda que lo acogió muy bien, le dieron el puesto que merecía por lo que sabía y como se desempeñaba en su trabajo. Después se enteró que al contratista no le alcanzaba el dinero para pagarle porque tenía una inversión en Argentina con una sociedad de caballos de carrera y enviaba mucho dinero para comprar caballos de pura raza.

Otra vez Marcelo quedaba solo para empezar de nuevo con la familia española. Carmina, la abuela lo apreciaba mucho, al igual que su hijo Salvador, el dueño del chalet; para su esposa y su hija Marcelo era solo un empleado más. Siguió trabajando con ellos, no les tenía mucha confianza, por tantas cosas que le habían pasado, esta vez se había equivocado.

Peralta había dejado la obra en el proceso de demolición así que había que hacer prácticamente todo, si Salvador hubiese tenido que contratar otra empresa le podría haber costado 2 o 3 veces más del presupuesto determinado, por lo que Marcelo debía terminar la plomería, la colocación de azulejos, rematar con yeso y escayola además de la pintura, acabó el trabajo después de un año.

Salvador mantuvo su palabra y al terminar la reforma de su chalet, ayudó a Marcelo a iniciar los trámites para la residencia española y, además, por medio de Carmina, consiguió un pisito pequeño en la casa de Julia, éste estaba ubicado debajo de una escalera, tenía una habitación pero no tenía baño ni agua, solo electricidad. Julia le pidió 2.000 pesetas como depósito, luego pagaría 40 pesetas mensuales. Julia fue muy lista porque Marcelo tuvo que trabajar como loco para adaptar el apartamento, ponerle un plato de ducha, un fregadero, romper con martillo neumático el suelo de hormigón para traer la tubería hacia la habitación y además tuvo que colocar un calefón para tener agua caliente y fría y, así, poder vivir dignamente.

La verdad es que Salvador y su familia se portaron muy bien, Marcelo les estará siempre agradecido, pues fueron un punto de apoyo para que no se viniera abajo, poco tiempo antes de finalizar el chalet, la abuela le presentó a una señora que quería hacer una reforma en su propio chalet de cuatro pisos pero él estaba solo, por lo tanto pensó que debería llevar a Juan, su hermano mayor que ya era un contratista en Argentina, él sabía mucho del gremio de la construcción. Empezó a tener dificultades para reunir el dinero que necesitaba para el viaje de su hermano. El pasaje de avión costaba $1.500, además debía enviar $3.000 como bolsa de viaje, el trabajo estaba finalizando y Marcelo hacia los últimos retoques en casa de Salvador, además empezó a coger pequeños contratos, pero lo que ganaba apenas le bastaba para la comida, el alquiler y mandarle un poquito de dinero a Mamacalu, todo se le complicaba.

Para colmo, en esa época se le apareció Celia, una novia que había dejado en Barcelona cuando viajó a Madrid por trabajo, perdió su contacto, ella fue muy importante para Marcelo, salieron como un año de novios y la idea era llevarla con él a Madrid cuando estuviera establecido. Celia logró conseguir el número de teléfono de donde trabajaba Marcelo y lo llamó, la abuela Carmina contestó, Marcelo se quedó helado, para él, en ese momento era una presión económica más. Celia era colombiana, una mujer muy buena y trabajadora, estaba además convalidando su título de ingeniera agrónoma. Marcelo se sintió contra las cuerdas, se preguntaba qué hacer, no sabía si dejarla pero, a la vez, le dolía porque la quería mucho, mas debía enfocarse en traer a Juan para empezar una obra de 30.000 dólares. Ella le pidió que viajara a Barcelona y que hablaran de frente ya que lo escuchaba un poco aturdido cuando le hablaba. Marcelo aceptó, y viajó.

Celia trabajaba cerca de Las Ramblas, ese fue el punto de encuentro porque Marcelo no conocía la ciudad, ella preparó todos los detalles del viaje, él sólo tenía que ir a la empresa y sacar el pasaje, después de siete meses se encontraron de nuevo, se miraron fijamente y sin decir una palabra se fundieron en un abrazo, Marcelo sentía su corazón palpitar muy agitado y una sensación divina que no sabía describir, sus mejillas se encontraron y por ellas corrían las lágrimas de los dos, deslizaban sus manos por sus espaldas, hombros y cabezas, fueron unos segundos tan profundos, donde sólo sus corazones se comunicaban de una manera increíble.

Marcelo se quedó en Barcelona dos semanas, estuvieron muy contentos juntos, su amor había vuelto a renacer. Durante los siguientes seis meses viajó a Barcelona una vez al mes y algunas veces ella viajaba a Madrid.

En su último viaje a ver a Celia Marcelo estaba en la parada del autobús esperando regresar a Madrid, de repente vio como dos policías venían siguiendo a un chico desde la calle, lo perseguían y el chico se dirigió hacia la gente en la parada, junto a Marcelo había un marroquí, una señora alemana y el chico perseguido fue a sentarse al lado de Marcelo.

Los dos policías llegaron pisándole los talones, se acercaron y les pidieron documentos a todos, Marcelo pensó que era el fin de su noviazgo y además del proyecto de trabajo en Madrid, se sentía perdido, el supuesto fugitivo fue el primero en sacar sus documentos de residencia y el marroquí y la señora alemana mostraron los suyos, Marcelo por su parte solo tenía el pasaporte argentino, para acabar de empeorar la situación estaba vencido hacía ya un año y siete meses. Se levantó y fue a donde estaba uno de los policías, el oficial le repitió que ellos tenían órdenes de los superiores de echar a la gente ilegal, Marcelo le pidió por favor, le explicó que venía de Argentina y le contó que tenía 10 hermanos y que eran muy pobres, que le diera una oportunidad para trabajar y poder continuar enviándole dinero a su familia, el policía le contestó que no hacía falta que le contara esas cosas porque él también tenía familia en Buenos Aires. Marcelo también le dijo que él recién había enviado los documentos para tramitar la residencia, tenía unos comprobantes pero no con él, sino que los había dejado en Madrid, al parecer Diosito estaba con Marcelo, porque el oficial lo entendió.

En ese momento Marcelo pudo volver a respirar mejor, pensó que ese era un punto a su favor, el policía le dijo que lo dejaba ir, pero con la condición de que al llegar a Madrid tramitara un documento cualquiera y así pudiera tener un comprobante y si lo detenía otra vez la policía pudiera identificarse. El oficial no creyó que Marcelo tuviera los comprobantes de tramitación de residencia. Al retirarse los policías todos subieron al autobús. Ya sentado en el asiento a Marcelo le empezó un temblor en las piernas que no le pasó hasta después de media hora, al parecer fue el miedo provocado por el mal momento.

En el trayecto no hacía más que pensar en Celia y en su hermano Juan al que debía traer a España. En cuanto llegó a su casa llamó a su novia y le contó lo ocurrido en la parada de autobuses, le dijo que no volvería a Barcelona porque no quería pasar más miedo, ella ahora tendría que venir a Madrid, Celia, contestó, que sí, que así iba a ser.

Hablaban mucho por teléfono pero los meses pasaban y Celia no iba, empezaba a buscar excusas, Marcelo se puso firme y le preguntó si era porque tenía otro chico, que si él no le interesaba más se lo dijera, lo iba a entender, ella rompió en llanto como media hora sin parar, Marcelo le hablaba y ella solo escuchaba y no contestaba, después, entre llantos, le confesó que debía viajar a Colombia porque su madre que era muy viejita estaba muy grave. Celia le dijo que nunca había querido a nadie como a él en toda su vida pero tenía que irse y a él no lo podía sacar de sus proyectos en España, si le pidiera viajar con ella a su país Marcelo no tendría futuro.

Empezaron a cortar distancia, hablaban por teléfono cada tanto pero sus conversaciones eran distantes y frías, poco a poco Marcelo dejó de llamarla y ella tampoco lo llamó más. Se apagó todo muy pronto, no hubo culpables, solamente problemas familiares. Marcelo se quedó con los lindos recuerdos de su hermosa chica colombiana a quien quiso mucho y siempre la llevará en sus recuerdos, era una mujer torbellino.

Unos cuantos meses después Marcelo logró llevar a Juan a España.

BÚSQUEDA INCANSABLE

Algunos años después de vivir en Madrid, Marcelo empezó a conectarse con periodistas y conoció a Louis Campos, entonces director de Telecinco, lo invitó a un restaurante argentino a comer un asado criollo a él y a su mujer, le contó de las cosas que le habían ocurrido en su vida, a Louis le resultó interesante y vio más allá de lo que Marcelo estaba pensando, le dijo que tenía un amigo, Timoteo Vargas, que era juez de la Audiencia Nacional de España, prometió que le iba a comentar su caso ya que el juez tenía conexiones en Argentina porque ayudaba a las Abuelas de Plaza de Mayo. Unas semanas después se conocieron, Marcelo con Timoteo y su secretario, hicieron un escrito que mandaron al gobierno Argentino.

Además, escribieron la historia de sus hermanos gemelos robados durante la Dictadura Militar en Argentina para el periódico *Diario Dieciséis* de Madrid. Marcelo también recibió una propuesta de Canal 2 TV para hacer un reportaje sobre la búsqueda de los gemelos que se emitió en España y en Sudamérica. En Argentina, para esa época detuvieron a veintinueve militares.

Todavía al día de hoy no se tienen noticias de sus hermanitos pero Marcelo no pierde las esperanzas de que aparezcan antes que Mamacalu falte. Lo único que le pide a Dios siempre, es que le ayude en su búsqueda.

Marcelo siempre ha tratado de encontrar la forma de que sus hermanos gemelos se enteren que los está buscando a través de todos los medios a su alcance, siempre los ha buscado y seguirá viendo todas las posibles opciones de seguir haciéndolo.

IMPOSICIÓN EN EL BOXEO

Después de 15 años de vivir en España, Marcelo conoció a René, un doctor argentino al que le contó de su paso por el boxeo, él también había boxeado en la provincia de Buenos Aires, le comentó que él consideraba que poner un gimnasio era ganar buen dinero en España, René le mencionó que iba a averiguar sobre un gimnasio abandonado que había cerca de su consultorio, después le comentaría lo que descubriera.

René y Marcelo hablaban mucho, un día tocaron el tema del Gaucho Puño de Hierro, a quien Marcelo había conocido en el Luna Park de Buenos Aires, éste le contó que había fallecido un domingo por la tarde en su mismo coche, iba con un amigo por las afueras de la capital, estaba estrenando el automóvil. A Marcelo le partió el alma, ya que era su boxeador preferido.

René le planteó alquilar el gimnasio para que Marcelo lo dirigiera porque lo vio lanzado y aparte había practicado boxeo, lo que éste no sabía era que lo estaba poniendo en apuros, pues le dijo que tenía que sacar el carnet de profesor y él tenía el mismo problema de siempre, no haber estudiado aunque se defendiera un poquito para leer y escribir; sin embargo, le gustó el desafío y lo enfrentó.

Lo primero que hizo fue ir a la Federación del Boxeo Española, se apuntó porque si lograba sacar el carnet de profesor sería algo grande para él. Marcelo habló con Amanda, una señora que llevaba el papeleo para los diplomas y las licencias de boxeador. Él le dijo que necesitaba el carnet, el precio era algo elevado pero, de igual manera, le pidió que lo anotara, le comentó que andaba mal con los estudios, Amanda le contestó que no se preocupara porque lo ayudaría en lo que estuviera a su alcance. De entrada, le encajaron 8 libros, debía aprendérselos y memorizarlos para cuando tuviera que dar su discurso sobre el boxeo, esto lo intimidó un poco, aunque en el ring nunca sintió temor, los libros lo castigaban fuerte.

Marcelo viajaba 51 kilómetros todos los días para llegar a la Federación de Boxeo y recibir las clases teóricas y prácticas, después continuaba estudiando en su casa, por momentos no sabía dónde meterse por tanta presión de lo mucho que debía estudiar, los libros lo torturaban día y noche.

René lo llamaba y lo animaba para que no se rindiera.

Una noche de lluvia, mientras regresaba a la casa, las lágrimas corrían por sus mejillas y se repetía a sí mismo: "en que lío te metiste", pero luchó cada día más duro, en su trabajo y en su casa, él no tenía apoyo de nadie, solo le pedía a Dios que lo bendijera y le diera la inteligencia para rendir el examen y poder aprobarlo, y así fue, una vez más Dios estuvo junto a él, y Marcelo rindió aquello que era tan importante para él, su presentación fue todo un éxito, le dieron el carnet de profesor y la licencia de La Federación de Boxeo Española. Después de tanto sacrificio, René se enfermó y el proyecto se fue de pique, ya nada se concretó. El carnet solo le sirvió para adornar la vitrina de su casa.

En ese tiempo Marcelo conoció a Diego, también profesor de boxeo, él tenía un pupilo, Marcelo participó como entrenador en varias peleas, los dos dirigieron los encuentros, la pasaban muy bien juntos, Diego era un subcampeón mundial que conoció en la Federación, él quería que Marcelo entrenara a chicos en su gimnasio, pero él tenía otros proyectos en mente y además trabajaba en la construcción. Diego era un buen amigo, un ser humano increíble, tenían una bonita amistad, Marcelo lo visitaba a menudo y se quedaba a dormir en su casa, mientras él preparaba pizza, su amigo cebaba mate, como buenos argentinos no podían perder la costumbre. Diego en el boxeo fue un verdadero profesional y estilista, o sea que boxeaba con arte. Ganó el campeonato de boxeo argentino y peleó por el título del mundo en Francia donde perdió por puntos. Era un entrenador ejemplar, podía enseñar en cualquier parte del mundo, para ese tiempo, vivía con su mujer y su hijito muy feliz en España. Marcelo, siempre le envía muchas bendiciones a su amigo del alma.

Marcelo también conoció a Nicolás, otro gran boxeador, campeón uruguayo y español. Un día lo invitó a comer un buen asado a la parrilla, para hablar de su carrera como boxeador en España porque él también vivía en Madrid, ese día se encontraba en su casa Cristian, su suegro, que estaba de visita en España, cuando estaban los tres juntos se partían de la risa con las anécdotas que contaba Nicolás. Mientras comían, el boxeador contaba la pelea tal como había sido, se paraba frente a ellos y los perros de las hijas de Marcelo que estaban en la casa, y Cristian le hacía repetir algunas veces las escenas de como peleaba contra equis rival, Nicolás hacia todos los gestos y movimientos que había hecho en las peleas y se mataban de la risa ya que había también una copita de más en el asado. Después de comer sacaron a los perros a pasear y hubo más risas porque Cristian educaba a los animales en inglés y ellos le obedecían, los tres no paraban de reírse. Al regresar a la casa se pusieron a escuchar música de diferentes países, cantaron y la pasaron fenomenal. Marcelo estaba aprendiendo de un boxeador muy bueno. Lo apreciaba mucho y siguen siendo amigos hasta el día de hoy.

Marcelo continuó teniendo una bonita relación con todas las personas que conoció en la Federación de Boxeo, tanta gente buena que le tendió una mano cuando lo necesitó, que se comportaron como verdaderos seres humanos.

VALORANDO A TU SER

Se juntaron dos soñadores, Marcelo, el más fuerte, el más golpeado, el más apasionado; y su sobrino: un niño apodado Conejo, su padre, Andrés, era futbolista y él quería ser como él o incluso mejor. Cuando el Conejo tenía nueve años, entrenaba todos los días, llevaba el balón consigo a la escuela e incluso dormía con el balón y si Victoria, la hermana de Marcelo, se lo quitaba, en la madrugada se despertaba y lo buscaba hasta encontrarlo, solo entonces regresaba a dormir.

Marcelo en esos años vivía en España y ellos en Argentina, un día, hablando con Mamacalu que vivía cerca de Victoria, le contó que al Conejito, quien en ese entonces ya tenía 11 años, lo venía a buscar mucha gente del fútbol, con mucha alegría también le contó que su habitación estaba llena de trofeos, medallas y premios. Marcelo le preguntó a Mamacalu a qué se dedicaba Andrés y si estaban trabajando él y Victoria La idea era barajar la situación, hablar con ellos de trabajo y, de esa manera, tocar el tema de su hijo para que fuera a jugar en algún equipo grande como el Barcelona ya que el Conejo era del Barça al igual que su padre. Marcelo le planteó la oportunidad, les dijo que los podía ayudar para que fueran a trabajar a Madrid y que él iba a buscar un buen equipo para su hijo pues el chico prometía mucho en el fútbol.

El Conejo durante la temporada de verano entrenaba en una cancha vacía ubicada en la esquina de su casa, su hermanito Marco se sentaba al lado del arco y miraba mientras se ejercitaba tirando a la portería, córner, centros, chilenas, pateando con las dos piernas, etc. y después corría a buscar el balón porque practicaba solo, muchas veces hasta las 12 de la noche. No quería que nadie más tocara la pelota.

Para ese entonces empezó a jugar con un club de fútbol llamado Fortín del Gallo, Marcelo podía ver que su sobrino destacaba en el deporte como futbolista delantero y goleador.

A Marcelo le gustaba todo eso del deporte y la música, él era el representante de Dorotea, una sobrina a quien había colocado en una agencia de publicidad y arte dramático y a una amiga de ella en clases de vocalización. ¿Cómo no iba hacer algo también por su sobrino?

En una ocasión Marcelo le preguntó a Andrés como iba el Conejo, éste le contó que había jugado el sábado y había metido tres goles, dos con jugada individual y el tercero de penal. El Conejo había salido en la revista del barrio como goleador y una nueva promesa en el Fortín del Gallo, barrio San Alberto del Gran Buenos Aires.

Después de que Andrés le contara todo eso, Marcelo, que estaba como representante aprendiz, debía empaparse en la pomada para saber cómo llevar a un chico a cualquier equipo pero no se echaba para atrás, le propuso a su cuñado que se fuera a España, le conseguiría trabajo para él y también para Victoria, ellos eran una familia de cinco, tres hijos y ellos dos; el problema se vino enseguida porque Andrés ganaba muy poco en el gremio de la construcción y el dinero que había en casa era solo para comer.

Marcelo le propuso entonces que viajara primero Victoria y Conejo para ponerlo en algún equipo grande pero Andrés no quiso y planteó viajar todos juntos porque los otros niños no podían estar sin su madre, Marcelo le dijo que los traería a los cinco a la vez pero eso se llevaría un par de años, si ellos aceptaban, al venir tendría casa a donde llegar y Andrés podría trabajar con él en la construcción.

Les puso como condición que el Conejo tendría que entrenar más horas por día y recibir más técnicas porque en Madrid los chicos eran muy rápidos e iba a ser difícil alcanzarlos, su sobrino tenía técnica pero no era muy veloz. Les pidió que le hicieran caso, y sobre todo que no lo pusieran a jugar con los chicos más grandes porque corría el riesgo que se rompiera una pierna y podía troncar el sueño de su vida, jugar en cualquier equipo europeo o en el Barcelona, que era el equipo de su vida.

Él seguía jugando en el Fortín y sacaba a su equipo adelante ya que tenía una gran maestría, siendo chiquito ya era un grande, tenía mucha sangre y buena técnica, había nacido con ese talento especial con el balón.

Tres años más tarde Marcelo logró llevar a toda la familia a Madrid con mucha alegría y entusiasmo por tener a Victoria, su hermana, en casa con Andrés y sus sobrinos. Ese domingo, cuando acababan de llegar a España, mientras los niños aún dormían, tipo las nueve de la mañana, Marcelo estaba tomando mate en el balcón de su casa, cuando en la calle empezó a sonar un pasodoble español, de repente alguien lo abraza por atrás y le pregunta: "¿qué es esta música hermanito?", Marcelo le contestó "al fin estás en España", ella comentó que el señor del órgano tocaba hermoso. Marcelo dijo que le debían reconocer su trabajo y darle un par de monedas porque eran grandes profesionales en el arte, como cantaban y como tocaban el instrumento.

Marcelo le preguntó a su hermana qué tal estaba mientras tomaban mate y quiso saber si los chicos estaban durmiendo, ella le dijo que la acompañara para que viera como dormía su futbolista con una mano agarrando el balón.

Marcelo llevó a Conejo a la primera prueba para un equipo de fútbol que se llamaba Rayo Vallecano, en Madrid. Era una prueba con 200 chicos de 14 años como él. Seleccionaron a seis, su sobrino fue uno de los escogidos, entre esos seis sacaron a tres de los mejores y a los otros los mandaron a la casa. Ahí estaba Conejo, era la primera vez que lo mandaban a la casa.

En su equipo en Argentina él era el goleador, encima de eso lo iban a buscar para que no se comprometiera con otro equipo, pero ahí era otro cantar, debía acoplarse a una nueva técnica y estrategia. El Conejo decía que los técnicos gritaban mucho y jugaban poco.

Él seguía jugando en los equipos del barrio porque Marcelo quería que se fogueara con los chicos españoles para que agarrara el ritmo del fútbol en Madrid. Poco a poco comenzó a entrar en confianza para destacar.

Después de dos años de haber llegado a Madrid se mudaron a un pueblito llamado Meco, a unos 30 kilómetros de Madrid, Andrés compró un apartamento, sus hijos menores iniciaron el colegio ahí.

Marcelo se enfrentaba a un nuevo problema, su sobrino, aunque era muy bueno como futbolista, no tenía documentos españoles, y, con el pasaporte de Argentina le daban muchas vueltas para que pudiera jugar en un buen equipo.

Conejo empezó a jugar en el club del pueblo donde se habían mudado aprovechando que no le pedían documentos, a Marcelo le interesaba que jugara para que cogiera el mismo ritmo que tenía cuando jugaba en Argentina. Él deslumbraba al jugar, Marcelo lo veía con el balón en media cancha y, en cuestión de segundos, metía un gol, era muy hábil y tenía una buena estrategia jugando. Era un chico alto, media 1.84 cm y a pesar de eso tenía mucha destreza en recuperar la conexión con el balón. Para ese tiempo empezó a demostrar sus habilidades.

Levantó a su equipo con buena puntuación, con un partidazo donde metió 4 goles increíbles. Tuvo la suerte de que ese partido fuera televisado, además lo sacaron en la portada de la revista del barrio como un jugador argentino que quería surgir con su capacidad en el deporte.

Continuaba entrenando en el equipo de Meco con muy buenos resultados, un viernes Marcelo llegó por la tarde a su casa y, al saludar a Victoria, le preguntó por el Conejo, ella le contestó que estaba en su habitación dominando el balón con música, él estaba escuchando la misma música que escuchaba el Pelusa antes de empezar a jugar un partido para el Barcelona pero Conejo lo sorprendió, cuando Marcelo abrió la puerta él estaba de espaldas hacia la entrada, Marcelo lo dejó que siguiera su práctica sin decirle nada ya que era su sobrino 10, estaba dominando el balón con una venda negra en los ojos, Victoria estaba detrás de Marcelo y mientras lo abrazaba le dijo al oído: "mi hijo es una estrella".

Después de un momento Marcelo le pidió a su sobrino que parara de entrenar porque quería proponerle algo nuevo, se fueron a la cocina y se sentaron cada uno a los extremos de la mesa. Victoria preparaba la cafetera para tomar mate, mientras Marcelo sacaba masas dulces les contó que había conocido a Martín, un señor que tenía contactos con el club de fútbol Atlético de Madrid. Conoció a Martín un día mientras hacía un trabajo de plomería y de repente tocaron el timbre de la casa donde trabajaba, la empleada abrió la puerta y Martín, el señor que acababa de entrar, preguntó por Manolo y ella lo llevó a su oficina, vestía con un traje muy elegante, cuando pasó frente a ellos los saludó con una gran sonrisa.

Estuvo hablando con el dueño de la casa alrededor de 40 minutos, de repente Manolo llamó a Marcelo y le pidió que fuera con ellos a la oficina, él dejó de armar la cisterna, la puso en el suelo y fue a donde estaban ellos esperándolo. Al entrar Manolo le presentó, a Martín, en su época, había sido integrante de la plantilla de los dirigentes de primera división junto con el presidente del Atlético de Madrid.

Marcelo alucinaba con tener esa oportunidad.

Manolo le había contado que el plomero tenía un sobrino que era muy buen futbolista, además le contó que él le estaba buscando un club grande, su sobrino tenía 17 años y podía empezar a jugar en primera división, también le narró que él era su representante pero no tenía mucho conocimiento con el fútbol, los dos empresarios estaban muy entusiasmados, Manolo pidió que les llevaran café mientras apuraba a Martín, le dio una palmada en la pierna y le preguntó qué le parecía el sobrino de Marcelo, al agente le gustó mucho incluso sin haberlo visto en acción, tan solo con lo dicho por su tío y una la foto que le mostró.

Martín le hizo saber que él cobraba por las conexiones porque estaban hablando de Primera División, Manolo soltó unas palabras y dijo "hombre, si vas a trabajar tienes que cobrar pero no le hagas tener miedo", le dijo que él era solo un plomero, que por favor se sincerara y le dijera cuanto iba a cobrar, el empresario respondió que no quería dinero pero quería un coche nuevo, un Jaguar valorado en $140.000 dólares.

Los empresarios quedaron muy entusiasmados por el lanzamiento al estrellato de Conejo, a quien le harían una prueba en primera división con la posibilidad de tener un contrato en el mismo club, Marcelo debía hacer un tratado por lo civil con Martín, tendrían un mes de tiempo para la prueba profesional por primera vez en Atlético de Madrid. A decir verdad, Marcelo no contaba con el apoyo de Victoria, su hermana, porque ella mimaba mucho a Conejo, se preocupaba de que lo pudieran golpear en cualquier momento o que lo pudieran lesionar cuando jugara. Andrés, si lo apoyaba, él había sido futbolista y sabía que su hijo tenía mucha técnica y que triunfaría porque había nacido con ese don.

A Victoria se le fue de las manos y permitió que Conejo jugara la noche previa a la prueba de primera división hasta las seis de la mañana y lo peor fue que no le contaron nada a su tío, por lo tanto, al otro día, cuando Marcelo fue a buscarlo lo vio muy agotado, le esquivaba la mirada hasta que no aguantó y entonces le confesó "tío perdóname pero estoy muy cansado porque anoche jugué dos partidos y terminamos a las seis de la mañana" Marcelo, decepcionado, les preguntó porqué le habían hecho eso cuando él, por todos los medios había buscado las oportunidades para que triunfara.

Conejo culpó a su mamá por no haberle recordado que tenía la prueba ese día, le pidió a su tío que arreglara una nueva cita, le dijo que podía ir el día siguiente. Marcelo llamó a Martín y le explicó lo sucedido, éste le dijo que le daría una prueba con un amigo de él, solo tenía que decir que era el Conejo Argentino, él ya lo había recomendado, les dijo que debían presentarse, decir su nombre y esperar a que los llamaran.

Cuando fueron el próximo día preguntaron por el amigo al cual Martín le había recomendado al Conejo pero no estaba, les informaron que no venía ese día, había tenido que viajar a Palma de Mallorca a una reunión y regresaría a Madrid después de un tiempo. Ellos esperaron más de una hora y media y nadie los llamó para nada, Marcelo tenía muy claro que triunfaría como representante de Conejo en primera división pero en ese momento sentía una impotencia increíble, ya estaban en la cancha profesional pero le hicieron una mala jugada entre su sobrino y su hermana al no haberle contado de la trasnochada del futbolista, quien jugaba como una estrella profesional pero había cometido tremenda estupidez junto con su madre, mientras tanto Marcelo estaba hundido por la oportunidad que se le escapó cuando ya la tenía en las manos.

Andrés estaba de su parte, él le decía que estas cosas le continuarían pasando hasta que su hijo no entendiera lo que su tío estaba haciendo, Conejo estaba convencido que triunfaría en cualquier momento porque en la práctica lo tenía todo por sus cualidades de futbolista, pero ignoraba los sacrificios que Marcelo como tío y representante había hecho, ignoraba que se gastaba todo su dinero para viajar si era necesario a cualquier provincia de España.

Así, sentados, esperaron la llamada que nunca llegó, mientras miraba la cancha desde arriba de las oficinas Conejo le decía "tío no te enojes, yo voy a triunfar en esta cancha profesional, acuérdate". Se retiraron con la cabeza baja, Marcelo le dijo que lo pensara muy bien si quería que siguiera siendo su representante, a él no le gustaba que le tomaran el pelo, su trabajo era cosa seria y no podía permitirse perder el tiempo de balde. Pasaron una semana sin verse y sin llamarse, después Andrés lo llamó por teléfono y le dijo que Conejo estaba jugando un campeonato de fútbol sala, le pidió que fuera a ver el partido porque lo iban a televisar, además era el cumpleaños de Conejo así que si ganaban el campeonato iban a celebrar doble.

Marcelo dijo que sí, que iría a ver el partido, que le parecía bien que su sobrino jugara aunque seguía decepcionado con el Conejo, estaba pensando en dejar de ser su representante porque él estaba cumpliendo 18 años pero todavía no lograba tener documentos españoles lo cual era su mayor problema para presentarlo a un club importante.

Cuando empezó el partido Conejo estaba muy centrado, al ver a Marcelo junto con sus padres en la platea parece que le transmitieron energías positivas porque era una máquina de goles, él no tenía la costumbre de jugar en esa cancha pavimentada pero parecía que lo había hecho toda la vida, la gente se volvía loca, se agarraban la cabeza y saltaban encima de los asientos, era un campeonato de barrio pero lo vivían como un partido profesional.

Fueron momentos gloriosos, sobre todo para Marcelo, el tener alguien de su propia sangre haciendo una demostración como la de un verdadero artista con el balón significaba mucho para él. Conejo logró que olvidara aquella oportunidad que perdieron, en ese momento Marcelo hizo borrón y cuenta nueva, debía seguir luchando porque había una estrella de fútbol que necesitaba de su ayuda para triunfar.

Ganaron el campeonato del barrio y efectivamente fue televisado, además a Conejo lo entrevistaron, él se moría de vergüenza, era muy tímido y no estaba acostumbrado a las entrevistas. Se fueron todos a festejar a casas de su sobrino, comieron pizzas que Victoria preparó. Con Andrés y Conejo hicieron el resumen de todos los partidos, intentando atinar las palabras ya que estaban afónicos, a pesar de eso había mucha emoción en la casa, el pibe maravilla volvía a golear.

Victoria comentó con su esposo que su hijo anduvo muy rápido, al verlo pasar se podía apreciar que tenía un gran potencial, Andrés añadió; "sería porque estaba el tío", a lo que Conejo agregó, "tío, todavía no has visto nada de lo que sé jugar, ya estoy conociendo la estrategia de los gallegos que es muy buena pero la mía es mejor, no me van a parar".

Mientras hablaban llegó Marco y pidió que lo escucharan, que había traído el video del partido que le pasaron los señores que lo filmaron, lo puso de inmediato antes de que Marcelo se fuera. Victoria fue a la cocina a preparar el mate con bollos dulces, mientras tanto, ellos miraban a los artistas del fútbol y como ganaron de una manera impecable.

Con Andrés analizaron mucho el video para señalarle las fallas al Conejo, lo aconsejaron y le detallaron que necesitaba más velocidad, esto sería un complemento tremendo con su técnica, su altura y su agilidad. Marcelo por su parte le pidió que se esforzara con la rapidez porque los chicos europeos no corrían sino volaban, le recalcó que en la familia la única estrella del fútbol era él.Se sentaron en el sofá mientras tomaban mate, Andrés le pidió que buscara un equipo grande y que no perdiera más tiempo porque Conejo debía empezar a jugar en primera división, debían probarlo con los profesionales. En ese mismo momento Marcelo le pidió una copia del video porque se le ocurrió una idea. Se llevó la grabación del partido ganador e hizo un par de copias más, quería darle una sorpresa a su sobrino, escribió una carta para el mismísimo Barcelona.

Andrés era un fanático descomunal del club y su sobrino soñaba con jugar para ese equipo y ser un grande como su paisano que acababa de recibir el balón de oro. Marcelo envió una carta con una copia del video y una foto profesional de su sobrino. Cuando fue a la agencia de envíos los trabajadores del lugar se burlaban, se reían entre sí y murmuraban que estaba loco por creer que lo iban a tomar en cuenta.

Marcelo le dijo a uno de ellos que su carta iba con la bendición de Dios, si se apiadaban de él tendría contestación y sino seguiría insistiendo porque la suerte es para todos, solo hay que buscarla. Al mismo tiempo que mandó esa carta, Marcelo, escribió a diferentes pueblitos de Barcelona que él conocía, Piera, Martorel e Igualada, les enviaba correos electrónicos, algunos le contestaron.

Después de un par de semanas llegó una carta que venía del Barcelona donde decían que estaban analizando el video de Conejo pero que necesitaba documentos del jugador, Marcelo no sabía dónde meterse de la emoción que esta gente lo tomara en consideración, en seguida llamó a Andrés y le comentó que tenía en la mano una milésima de posibilidad, padre e hijo se pusieron locos con tremenda noticia que acababa de darles, Marcelo se la había tenido guardadita hasta que tuvieran algún resultado, al día siguiente condujo 80 kilómetros desde Toledo hacia Meco, a la casa de su sobrino, para contarles cuales serían los próximos pasos, empezarían a escribir el sueño de la vida de Conejo.

Andrés estaba emocionado, dio un salto y con las palmas de sus manos tocó el techo, él había sido también un gran jugador y goleador, tenía una habilidad prodigiosa.

Marcelo les contó cuál era su idea, Andrés expresó que debían irse para Barcelona, ellos querían ver a Conejo jugar, éste le contestó que eso era precisamente lo que él quería, pero que debían esperar porque le estaban solicitando unos documentos del chico. Marcelo querían negociar pero en realidad ellos eran los que tenían la sartén por el mango. Él pensaba como Andrés aunque su sobrino y su madre no estaban de acuerdo con ese viaje, Victoria se preocupaba mucho por el chico, decía que si salía del pueblo no iba a comer bien o no se iba a saber cuidar como ella lo cuidaba, se preguntaba quién le prepararía el desayuno y cientos de cosas más, todo era negativo para ella, no entendía que Conejo ya tenía 18 años y esa era la mejor edad para triunfar sí o sí, sino se le pasaría el arroz.

Ellos se podrían comunicar por el ordenador todos los días, Victoria, con esas cosas negativas, lo ponía tonto al chico, pero ese era el momento de apoyarlo. Viajarían 800 kilómetros de Madrid a Barcelona para probar suerte y ver si algún equipo pequeño lo recibía. Después de 23 días le contestaron de un pueblo llamado Igualada, el presidente del club le dijo que su sobrino podía jugar en tercera división para empezar y, de esa manera, podía demostrar su capacidad como jugador, empezaría ganando 500 euros porque ellos tenían el video de Conejo y sabían de sus jugadas, ese pago era poco, como para que se mantuviera, pero era un comienzo. A Andrés y Marcelo les gustó la idea, al chico, solo a medias.

Dos semanas más tarde apareció una llamada de teléfono mágica y millonaria de la mismísima oficina del Barcelona, pidieron hablar con Marcelo, el representante del jugador argentino, en ese momento él estaba subido en un andamio de tres metros de altura pero Marcelo saltó al vacío con el teléfono en la mano, por suerte, no perdió la conexión, habían recibido los documentos que le pidieron, tenían un paquete completo con todos los requisitos, las cartas, el video, una foto de cuerpo entero y dos copias del pasaporte.

En el momento que el señor le permitió hablar Marcelo le informó que el chico no tenía residencia española, sus padres tampoco la tenían. El señor muy amable le dijo que les había gustado mucho, él le aconsejo que lo llevara lo más rápido posible a la oficina para probar suerte y hablar con el presidente del club. Ese era el momento de Marcelo, tenía que pensar cómo iba a hacerle, ya que debían viajar, tenía que conseguir donde dormir y también tener para comer.

Marcelo tenía una familia de amigos uruguayos que vivían a unas calles de las Ramblas en la ciudad de Barcelona, tenía que contactarles para que los recibieran, le prestaran una habitación o lo que pudieran, ya que estaba llevando un futbolista para una prueba. Sus amigos le respondieron que fueran y se arreglarían en todo. Marcelo sentía la presión y la preocupación por tener que sacar dinero para la gasolina y comida para la estadía.

Esa familia humilde, no tenía trabajo al igual que muchas personas en Madrid, gran parte de las empresas habían quebrado al igual que en el gremio de la construcción, por ese motivo Andrés no le podía ayudar con nada porque solo trabajaba algunos días así que Marcelo tenía que jugársela con su sobrino y probar suerte.

Compró un poco de mercadería en Madrid para comer, pidió dinero prestado para llenar el tanque de gasolina y fue a buscar a Conejo a Meco donde vivía, cuando estaba frente a su casa lo llamó para que bajara, llegó cargando una mochila, Victoria lo seguía de cerca, venía a despedirse de ellos.

Marcelo llevaba una bolsa de dormir y una manta, pensó que su sobrino había hecho lo mismo, tal como le había pedido. Todo el asado estaba en el asador, había que encarar lo que viniera, todo estaba en sus manos, sabía que tenían que estar ahí como se lo había dicho el señor de la oficina del Barça, quedaba en ellos encontrar al presidente del club, si lo veían se acordaría del Conejo argentino.

Tres días después de la llamada telefónica de la oficina del Barcelona ya estaban listos para el viaje.

Salieron a las 11 de la mañana y llegaron a las 7 de la tarde a las Ramblas, su amigo los estaba esperando, se fueron a la casa de su madre, Camila, pero no había nadie, Gustavo le dijo que ella vendría como a las 10 de la noche pero si querían él tenía las llaves de uno de los locales que ella mostraba a las personas que querían rentar aunque ese lugar tenía mucha humedad y cucarachas porque era viejo y no le daban mantenimiento. El muchacho les dijo que era por si deseaban descansar hasta que su madre regresara y les dijera que era lo iban a hacer. Gustavo se fue a su casa ya que no podía hacer nada más por ellos. Camila, la amiga de Marcelo, ese día no apareció y ni se acordó de él.

Ella era viuda, no tenía nadie a quien rendir cuentas, tenía tres hijos a los cuales no les hacía mucho caso; Gustavo, quien los recibió, estaba casado y los otros dos vivían con ella pero era como que no existieran. Marcelo y Conejo de entrada tuvieron que agarrar el local porque de lo contrario la pasarían peor en la calle por todo el viento cargado de arena que había, además, estaba muy frío. Se pusieron a limpiar y desinfectar, el suelo parecía cubierto por una sabana negra de cucarachas y algún otro animalito más.

A la hora de abrir la mochila Marcelo sacó su bolsa de dormir y una manta, su sobrino sacó una toalla grande para taparse y a pesar del frío que hacía, el Conejo solo tenía sus botines, medias, pantalón corto y la toalla; su tío lo miraba con ganas de retorcerle las orejas ya que parecía que no había entendido lo que él le pidió que llevara, Marcelo a la vez se reía porque no había nada que hacer.

Estaban muy cansados después de viajar 800 kilómetros, en el local no había luz, lógicamente no estaba en funcionamiento. Esa primera noche durmieron transpirados porque no tenían donde bañarse, habían comido solo unos bocadillos, para descansar, tiraron la bolsa de dormir al suelo, luego la manta doblada, se taparon con la toalla de la estrella del fútbol y durmieron toda la noche congelados por el frío y retorciéndose porque les dolía la espalda, al mismo tiempo agarraban la manta que usaban de colchón para taparse y las cucarachas les sirvieron de almohada, en esa situación, eran lo menos importante, solo querían sobrevivir al frío.

Al día siguiente Marcelo se despertó porque el sol traspasaba unas bolsas que servían de cortinas en el lugar, se fue a conseguir algo caliente para los dos, su sobrino dormía en ese momento como un angelito.

Volvió con dos cafés con leche y una pizza, tuvo que hablar con su sobrino y decirle que tenía que desayunar porque ya iba a llegar Gustavo para ir a la oficina del Barcelona para ver al presidente del club y rogarle que le diera la oportunidad de demostrar personalmente como jugaba ya que era lo único que le faltaba, que lo vieran, por lo demás ya tenían todo el informe sobre su documentación. Terminaron de desayunar, llegó Gustavo y lo primero que preguntó fue sí pudieron dormir, mientras les sonreía les informó que había hablado con Camila, le comentó que los muchachos la estaban esperando, pero ella le dijo que los esperaba, mas se confundió creyendo que llegarían una semana más tarde.

Gustavo le aconsejó a Conejo que se diera un baño, porque iban a una oficina muy importante, primero irían al Camp Nou y después a la oficina.

Llegaron tipo 11 de la mañana, entraron alucinados por todas las fotos de las estrellas, parecía que soñaban despiertos, pensando cómo le iría a Conejo. Pasaron los tres de frente y los atendió Jean Pier, un señor muy bien preparado, estaba sentado, se paró y les dio la mano al mismo tiempo que les preguntó si podía ayudarlos en algo, Marcelo rápidamente le contó sobre su sobrino y que le habían aconsejado que lo llevara a la oficina para que lo conocieran personalmente.

Jean Pier le dijo que estaba en lo correcto porque sí, sabían de él, solo tenían que tener suerte de encontrarse con el presidente, le entregó a Marcelo su tarjeta personal y le indicó que lo llamara en cualquier momento, Marcelo estaba haciendo las cosas bien, dos de las cuales fue inscribir al futbolista y la otra traerlo a la misma ciudad. Jean Pier también les contó que un chico de 17 años que no tenía pasaporte, originario de África, estuvo un par de días dominando el balón en la entrada de la oficina hasta que consiguió llamar la atención del presidente del club, en ese momento el chico estaba jugando en la segunda división del Barça, les dijo que las oportunidades son muchas, solo había que dar con ellas y estaba en uno mismo buscarlas "así que fuerza y deportividad, valiente", le dijo a Conejo.

Ese día el presidente tuvo una reunión con un directivo del Manchester, aunque tuvieron la ayuda de Jean Pier esperaron más de dos horas y se fueron, así lo hicieron por varios días sin tener éxito, se sentían derrotados. Marcelo decidió buscar una alternativa y se fueron al club de Igualada con quienes lo habían llamado al pueblo, al llegar se miraron unos a otros porque el lugar estaba casi como un desierto. Marcelo habló con un señor del club y le preguntó si aún estaba de pie la oferta para Conejo en la que le pagarían 500 Euros, pero él le puso la condición de que le sacaran la residencia española y ellos aceptaron, sin embargo, para su mala suerte, a Marcelo no le gustó ese pueblo, Gustavo también le aconsejó que no dejara a su sobrino en ese lugar.

Marcelo decidió ir a otro pueblo, Piera, la primera ciudad donde él vivió cuando llegó a España, conocía un poco el lugar así que los tres se subieron al coche, llegaron al sitio y entraron a un restaurante que pertenecía a Jorge, con quien Marcelo había trabajado, éste era dueño como de 17 restaurantes más, era muy buena persona. Entraron al lugar y se tomaron unos refrescos en la barra, después de un rato vieron salir a un señor de cabello blanco que estaba peinado hacia atrás, era Jorge, se acercó a Marcelo y le preguntó, ¿qué haces aquí? con un apretón de manos y una sonrisa despampanante, él se acordaba muy bien de Marcelo, parece ser que quería que fuera su yerno, así murmuraban algunos compañeros del restaurante, le preguntó también si había llevado a su hijo que jugaba fútbol, éste le contestó que era su sobrino, que era muy buen futbolista y que era además un goleador.

Le contó además que le estaba buscando un club, Jorge dijo que tenía un amigo llamado Bartolo que era un representante profesional y que lo iba a llamar en ese mismo instante y lo presentaría por teléfono con Marcelo, mientras Jorge llamaba a su amigo los tres se agarraban las manos para dar fuerza positiva que saliera esa llamada.

Bartolo contestó, habló con él, éste le comentó que tenían una posible estrella del fútbol, a él le gustó su imagen, le pidió hablar con Marcelo, éste llegó a un acuerdo con Bartolo, le haría una prueba a Conejo para la segunda división, esta prueba sería definitiva porque en esa semana Conejo solo había ido a dos entrenamientos, o sea que o se quedaba jugando o lo echaban porque Bartolo viajaría a Brasil a buscar algunos muchachos que traería a jugar a Europa.

Llegó el día del primer encuentro para Conejo, al inicio entrenaron y luego el técnico armó un partido interno muy lindo y muy importante, estaba en juego su carrera como futbolista. Ese día hacía mucho frío, Gustavo y Marcelo temblaban, mientras armaban el partido lloviznaba, esto molestaba a todos. Los chicos del club corrían muy rápido y sin cansarse, Conejo agarraba el balón, lo pasaba a alguien y se lo quitaban, en lo que duró el partido, Conejo tuvo tres oportunidades buenas, en la primera pasó dos chicos y metió un gol, causando que el entrenador que estaba al lado de ellos, Bartolo, Gustavo y Marcelo pegaran un salto y un grito tremendo, Gustavo hasta le dio un abrazo a Marcelo; en otra jugada pasó a tres chicos, pateó a portería y le dio en el travesaño, la última jugada fue un disparo con fuerza desde el área grande y se terminó el partido, se podían percibir los sentimientos que Conejo tenía en ese momento, rabia, frío, hambre y frustración, todos esperaban más de él, este era un partido donde él debía destacar, jugó bien, pero no con la intensidad que todos esperaban.

Ese fue el primer partido y los jugadores de este club le dieron una paliza a Conejo. Aún quedaba otro juego con los mismos chicos. Salieron del lugar bien tarde, tipo medianoche. Marcelo no había llevado el coche, llegaron al sitio en tren, a esa hora ya no había trenes, tuvieron que agarrar un taxi hasta la ciudad más cercana, la idea era tomar un tren para no gastar tanto dinero pero les salió el doble.

La cuestión era que mientras viajaban en el taxi iban los tres juntos, Conejo iba sentado en medio, Marcelo y Gustavo analizaban el partido, pensaban que si la cancha hubiese estado seca el jugador habría brillado como una estrella, de repente Marcelo vio que Conejo puso la cabeza sobre sus rodillas y empezó a llorar sin consuelo. Marcelo lo abrazó y le preguntó qué le pasaba, a lo que él le contestó que se había sentido como que no existía durante el partido, pues nadie le pasaba el balón, Marcelo le dijo que era lógico porque él había ido a una prueba y los chicos al verlo que tiene la capacidad de dominar la pelota, no querían compartir con él, encima de eso había hecho un gol.

Marcelo le recordó que podían haber sido tres goles, además le recalcó que él le había pedido más rapidez porque los chicos que estaban jugando con él eran más veloces así que en adelante debía enfocarse en la velocidad. Gustavo, por su parte, le decía que lo único que necesitaba era estar en un buen estado físico porque en lo demás era impresionante desde su punto de vista.

Bartolo estaba muy contento pero no le importó nada de ellos, no los llevó al menos a un lugar donde pudieran tomar el tren a pesar de que tenía un coche alta gama y tampoco les dio ni un centavo para el taxi, a Bartolo le interesaba el futbolista, pero no lo demostró.

Llegaron a la casa, Camila les había preparado riquísimas milanesas a la napolitana, mientras comían hablaban del primer partido, Camila se dirigió a Conejo y le soltó unas palabras gauchas: "escúchame pendejo, esta es tu oportunidad aprovéchala, tu tío está dando la vida por ti, más de lo que hace él no lo va hacer nadie, triunfa porque tienes todas las cualidades, hoy por hoy esa es tu suerte" el chico le respondió que si él triunfaba todos subirían con él.

Terminaron de cenar y cuando se iban a dormir Camila les preguntó si habían traído un colchón, ellos respondieron que no, ella les dijo, "que boludos que son, tenían que preguntarle a mi hijo por el colchón" señaló que siempre dejaba una llave debajo del macetero así que esa noche cargaron un colchón grande al hombro y salieron dando las gracias, más contentos que niño con zapatillas nuevas. Esa noche durmieron mejor con el colchón, mucho más cómodos.

Al día siguiente Conejo se levantó antes que Marcelo, preparó el desayuno para los dos y salieron a caminar en la playa mientras Marcelo barajaba la posibilidad de alquilar una vivienda barata. Camila conocía al dueño de algunos locales y apartamentos abandonados por la gente que no podía pagar a causa de la crisis económica. La construcción estaba parada hacía algunos años, a consecuencia de eso los que rentaban algunos locales y apartamentos prefirieron abandonarlos que seguir pagándolos.

Camila habló con este conocido, le comentó que tenía un amigo que estaba buscando un departamento pequeño y barato. Mientras seguían caminando por la playa, Marcelo, le comentaba a su sobrino que iba a encontrarse con el dueño para negociar el precio del apartamento, agregó además que, aunque no tenían mucho dinero, debían hacer un sacrificio y quedarse en Barcelona, estarían ubicados a pocas cuadras del estadio de fútbol Camp Nou, fue ahí cuando Conejo le mencionó que no quería ir a ese segundo partido ya que sentía que le faltaba condición física, Marcelo le señaló que él había jugado solo un partido, le recordó también que había hecho un gol, que eso era muy bueno, en el segundo podría brillar como una estrella, le reiteró.

Conejo ignoró los consejos de Marcelo, su tío, entonces le recordó que ya tenía 18 años que no se podía permitir rechazar un equipo de segunda división, que podía ganar hasta 5mil dólares mensuales, ese era un comienzo, Conejo le insistió que por favor hablara con Bartolo, que le dijera, que no seguirían con él, porque se iban a regresar a Madrid por problemas familiares, que los perdonara por su tiempo perdido, cuando le dijo esas cosas Marcelo se quedó como un arbolito de navidad, de todos los colores.

Conejo lo miró y le pidió que no se enojara, que era él el que jugaba, Marcelo le contestó que lo único que le faltaba era jugar fútbol, después de lo que había hecho por él, Conejo sonrió a medias, abrazó a su tío, y le dijo que él era único, el mejor, además le dijo que alquilara el apartamento, que él se quedaría jugando en el club Barceloneta, ahí iba a mejorar su estado físico para jugar directamente en el Barcelona con los profesionales en un par de meses, Marcelo no lo podía creer pero era su tío y tenía que estar con él, lo quería tanto, lo del fútbol era aparte.

Marcelo decidió hablar con el dueño del piso, lo arregló un poco, por las mejoras logró sacar el primer mes gratis, el segundo mes lo depositó en la cuenta bancaria del propietario. Conejo finalmente se quedó, y entrenaba en el club, los días de descanso entrenaba en la playa con su tío.

Marcelo regresaba a Madrid cada 20 días, a Conejo le iba muy bien con su entrenamiento, Marcelo hablaba con Burgos, el entrenador del club, este hombre estaba muy contento, le decía que el entrenamiento era muy duro, que el muchacho se machacaba mucho pero en la técnica lo vivía con toda el alma, Burgos le indicaba que sinceramente se sentía dichoso de tenerlo en su equipo, que él lograba ver la maestría con que dominaba el balón, lo hacía alucinar al verlo jugar, agregaba que tenía muy claro que en tres o cuatro meses el mismísimo Barça se lo iba a quitar en un abrir y cerrar de ojos.

Burgos no imaginaba que con sus palabras estaba matando a Marcelo de emoción y cuantas alegrías brotaban en su corazón al escuchar aquellas palabras mágicas que describían a una futura estrella del fútbol argentino, estaban a un costado de la cancha, mientras Burgos pronunciaba todos esos halagos sobre su sobrino algunos compañeros del club pasaron a lado de Conejo, estos le decían que era un grande, que era un campeón, le aconsejaban que siguiera así, que no cambiara, otros chicos le preguntaban a Burgos que de donde había sacado a ese futbolista tan bueno, los chicos estaban encantados de que jugara para ese club pero Burgos replicaba "por ahora es nuestro, después Dios dirá"

Conejo seguía jugando y Marcelo no había dado con el presidente del Barcelona, miles de llamadas telefónicas sin respuesta, continuaba yendo a las oficinas, pero no tenía suerte, la única esperanza era lo que dijo el técnico Burgos sobre Conejo, esperar ese salto. El equipo de su sobrino iba remontando de a poco con los partidos ganados, Conejo se empezaba a sentir como en casa, ya llevaba a su novia a Barcelona cada dos semanas, aparte de eso él viajaba a Madrid a ver a sus padres y hermanos porque ellos no podían visitarlo ya que no había dinero. Conejo empezó a ayudar cada vez más a su equipo y los compañeros lo empezaban a ver como una estrella de Primera División.Una tarde, cuando cumplía 105 días de jugar en el club de la Barceloneta, a medio día, Victoria llamó por teléfono y habló con Conejo, le dijo que llevaron de urgencia a Andrés con un dolor muy fuerte en la cabeza, justamente Conejo tenía un partido ese día una hora más tarde, Marcelo le dijo a su sobrino que jugara el partido, que demostrara cuanto valía, de eso se trataba.

Marcelo se encargó de la familia llamando por teléfono, habló con Victoria que estaba en el hospital, le comentó que Andrés estaba muy nervioso porque les llovían cuentas para pagar él no tenía trabajo y lo que más le preocupaba era el pago de la hipoteca del piso que era la más cara, ya tenían seis meses sin poder pagarla y hacía unos días que habían recibido la carta de desalojo, ella agregó que estaban desesperados sin saber qué hacer, Marcelo le dijo que se calmara y que por la tarde la llamaría para ver como seguía su cuñado.

Ese sábado fue divino para Conejo porque ganaron el partido y él metió tres goles tremendos, le regalaron el Balón de Privilegio y 200 euros cuando a nadie más le daban nada en el club. Su sobrino, con esa milésima, ya tenía capacidad para jugar otro partido en el mismo momento.

Marcelo por la tarde llamó por teléfono a Victoria, para saber cómo estaba Andrés, él mismo contestó la llamada, le preguntó cómo se sentía, su cuñado hablaba despacio, le dijo que el dolor estaba pasando y que los médicos decían que el dolor era a causa del estrés que estaba sufriendo, que debería relajarse y seguir el tratamiento, pero agregó que no sabía de dónde iba a sacar para pagarlo cuando su familia, para comer, tenía que ir a pedir comida a las iglesias. Mientras le contaba todo esto Andrés lloraba al teléfono, a Marcelo le partía el alma escuchar a su cuñado favorito, ya que era un hombre todo terreno, aparte de su trabajo, cuando llegaba a su casa y Victoria estaba enferma o no estaba, él cocinaba, lavaba a sus hijos, limpiaba la casa y encima tenía tiempo de tomar mate con Marcelo.

Andrés le preguntó cómo le estaba yendo a su hijo en el fútbol, él le contestó que le iba muy bien y que ya lo empezaban a querer como a un ídolo pero, antes de seguir hablando, Andrés le cortó la conversación y le dio las gracias por todo lo que hizo por la carrera de su hijo para que fuera reconocido como un gran futbolista porque siempre luchó en todo lo que pudo al lado de Conejo, le dijo además que nadie en el mundo con toda la sangre lo hubiese hecho y mucho menos con la entrega que él había puesto.

En ese momento le lanzó la estocada final. Le contó que habló con su hermano mayor quien vivía en Argentina, que le explicó su situación y su hermano no dudó ni un momento y le pidió que en 10 días preparara todo lo necesario porque le mandaría los pasajes para toda la familia para que regresaran a Buenos Aires y que Conejo se iría con ellos, pero si lo llamaban del Barcelona él podría regresar a España, pues ya tenía 18 años, a Marcelo se le cayó el mundo, lo arruinó psicológicamente, era como un balde de agua fría pero Marcelo conocía la situación de su familia, admiraba a Andrés, lo comprendía.

Se troncaba el sueño de un gran futbolista estrella, el mundo no conoció sus grandes habilidades con el balón, en fin, viajaron a Argentina, Andrés le dijo que inscribiría a Conejo en el club de Vélez Sarsfield de la capital.

Cuando llegaron a Buenos Aires fueron a vivir a casa de su madre y su hermano llevó a Andrés a trabajar con él pero este seguía mal, el dolor de cabeza no se le pasaba aunque él no le daba mucha importancia, así pasaron varios meses, tomando medicamentos para el dolor.

A los ocho meses de estar en Argentina, Andrés cayó en cama, Victoria lo llevó de urgencia al hospital en una ambulancia, entró a la sala de emergencia con un derrame cerebral, lo dejaron internado y cuatro meses más tarde falleció agarrando la mano de su hijo, la estrella de fútbol de alguna forma intentaba animarlo, era el mayor de sus hijos, el que tenía la pasión de él por el fútbol.

Su padre también fue futbolista de los buenos, metía unos goles de cabeza fantásticos, muy pocos jugadores podían marcar los goles como lo hacía su querido cuñado.

Marcelo solo espera que Andrés ahora descanse en paz y en la gloria, todos lo quisieron y le extrañaran siempre. Andrés fue un grande como ser humano y como futbolista también.

Conejo quedó con el compromiso de sus hermanitos y su mamá quien sufrió una depresión fuertísima, se dedicó a trabajar para llevar el sustento y poder sacar la familia adelante, quedaron en una situación muy precaria, no tuvo otra opción.

Marcelo desearía que Conejo algún día pudiera transmitir su maestría con el balón a las futuras generaciones, que pueda compartir ese magnífico don que Dios le dio.

ENEMIGOS DE SU PROPIA SANGRE

Muchos años atrás, en Buenos Aires, cuando Marcelo era un muchacho, trabajó como ayudante en una pizzería, en principio su trabajo era limpiar los moldes con una rejilla de bolsa arpillera, además de aceitarlos y dejarlos en perfectas condiciones porque llegaba Cesare, el maestro pizzero, que los revisaba y si no estaban bien los tiraba de la mesa al suelo, si eso pasaba Marcelo sentía que lo arruinaba moralmente porque él era muy trabajador, aunque no tenía la picardía para hacer ese tipo de trabajo quería hacer lo mejor posible.Los moldes tenían que estar tan limpios como un espejo y perfectamente aceitados, luego Marcelo debía pesar la harina y ponerla en la máquina de amasar, contar los litros de agua que iban con la sal, la levadura y el azúcar. Él preparaba los mates para ganar la confianza de Cesare. Una vez que la masa estaba preparada la cortaba junto con el maestro, la pesaban y preparaban los bollos para que leudaran, después de esto se ponían a estirar la masa con las manos, a Marcelo se le rompía y se moría de bronca porque tenía las manos muy duras, debían ser suaves como para acariciar a una mujer. Los primeros tres días rompía todas las pre-pizzas.

Salía del trabajo, camino a casa compraba harina y otra vez se ponía a preparar pizzas en su casa, Mamacalu, su reina, le decía que tenía que esperar que de a poco iba a aprender, que debía tener paciencia, que Dios estaba con él, todo le iba a salir bien, practicaba en la casa y en el trabajo y para el segundo mes ya sacaba mil pizzas por semana, Mamacalu acertó cuando dijo que Dios estaba con él porque Cesare, el dueño de la pizzería, estaba muy contento, le decía, que así se aprende todo, luchando y poniendo mucho entusiasmo sin importar el tiempo que tome. Trabajó un año, se retiró por la puerta grande, Cesare le dijo que si algún día quería regresar tenía las puertas abiertas.

Ese fue otro sueño que Marcelo tuvo desde entonces, poner algún día una pizzería.

En el año 2010 se le ocurrió abrir un restaurante parrilla argentina, habló con dos de sus hermanos, Juan y Rafael, les propuso la idea y les dijo que si estaban de acuerdo él buscaría un local, lo verían entre los tres y si les gustaba cerrarían el trato con el dueño. Encontró uno cerca de Plaza Castilla en Madrid, el local no era muy bueno, había que iniciar desde cero, las paredes eran solo ladrillos pelados, estaba vacío, no tenía nada, pero la zona no estaba del todo mal. Marcelo convenció a sus hermanos para alquilarlo, debían persuadir a Iñigo, el dueño, para que les permitiera empezar a trabajar en las mejoras, le pidieron 5 meses sin pago, el dueño aceptó la propuesta.

Empezaron a trabajar poniendo ellos mismos los materiales además de la mano de obra, trabajaron arduamente durante un año, aparte de sus propios trabajos le metían muchas horas al negocio, inclusive los fines de semana, no tenían respiro, estaban agotados de tanto trajín porque encima de preparar el local, también fabricaron el sótano para lo que tuvieron que cavar y sacar mucha tierra para ganar altura, pasar las tuberías de materias fecales y agua sanitaria, la electricidad, en fin, darle un buen terminado para poder almacenar mercadería. También prepararon una terraza, el dueño les permitió usar el espacio y agrandar el local. A Marcelo le costó mucho preparar los documentos, permiso de trabajo y licencia de apertura del local, tuvo que preparar todos los papeles en el colegio de arquitectos en conjunto con el ayuntamiento donde le pedían mil cosas, el proyecto debía ser aprobado e inspeccionado por el colegio de arquitectura.

Sacaban dinero de donde podían porque los tres eran trabajadores que solo ganaban para comer y un poquito más, para su suerte, en ese entonces había mucho trabajo en Madrid y ellos tenían experiencia ya que habían trabajado en la construcción desde Argentina, Marcelo era el único que había trabajado además como carnicero y en la pizzería, tenía una buena idea de lo que era ese trabajo, por eso se habían metido en ese reto tan grande para ellos, por lo general los pobres tienen miedo que todo les salga mal y no se arriesgan pero por algo Mamacalu le había puesto de sobrenombre Moisés, porque él era quien abría camino para sus hermanos. Tenía que poner ese restaurante argentino y desafiar la suerte, con mucha fe y esfuerzo, Marcelo nunca paraba de soñar en la posibilidad que algún día podría salir adelante contra vientos y mareas.

Estaban muy cansados porque los tres trabajaban en sus obras aparte de trabajaban en el local, encima de eso, Marcelo movía los permisos de todo tipo que le pedían en el ayuntamiento, estaba poniendo todos los papeles del restaurante a su nombre porque Juan y Rafael no se querían responsabilizar por si algo salía mal, con el abogado hicieron además un contrato entre los tres donde Marcelo figuraba como el único dueño del restaurante y autónomo, lo cual le permitiría contratar personal tal como camareros, cocineros y todo lo que hiciera falta. Cuando al fin terminaron la obra, después de un año de sacrificio y de inversión de tiempo y dinero, les faltaban aún los accesorios y utensilios para el restaurante tales como neveras, cocina, lavavajillas, campana extractora para la parrilla y la cocina, la parrilla para hacer el asado y muchas mesas y sillas, además debían comprar mercadería para empezar a trabajar como restaurante.

Marcelo lo patentó como *Lobería Parrilla Argentina*, diseñó el uniforme, eran chaquetas blancas con un borde celeste, en la derecha tenían una bandera argentina y los pantalones eran negros pinzados, a Juan y a Rafael no les gustó, esa fue la primera contrariedad con sus hermanos. Estos uniformes en conjunto con todos los detalles del restaurante fueron la envidia del barrio, el local era pequeño, como para alrededor de 70 personas, en cuanto al lujo le pusieron decoración adentro y afuera con un juego de luces increíbles. Para empezar a trabajar Marcelo contrató a su hermana Catalina para la cocina, aparte de ser guapa, era linda persona y súper trabajadora, a Juan su hermano mayor no le gustó esta idea, él tenía que llegar a un acuerdo con ellos porque eran dos contra uno, Marcelo se encontraba en desventaja en caso de una votación, de todas formas Marcelo hizo uso de su inteligencia y les dijo que ellos no se metieran en eso porque no sabían el oficio del restaurante, él era quien tenía el conocimiento y lo iba a poner a funcionar, sino se retiraba y ellos se tendrían que hacer cargo, por lo tanto Catalina comenzó a trabajar con Marcelo en la cocina, Rafael, su hermano menor y tercer socio, en la parrilla, Milton, un sobrino, atendía a la gente y Dorotea, su sobrina, en la caja registradora. Marcelo les informó cuando sería la inauguración, ese día se ofrecerían las primeras comidas y pizzas.

En ese momento volvió a tener una discusión con Juan porque se suponía que se abría una parrilla para vender carne a la brasa y no pizzas, esta vez Marcelo no le hizo caso.

En la inauguración salió todo bien, ese día se abrió en privado para amigos y familiares, hubo cuarenta personas. Marcelo sacó las primeras pizzas, le salieron perfectas, sus manos no le fallaron con el tacto de la masa, los preparativos, los ingredientes y todo lo demás. Juan le seguía causando problemas con las pizzas así que cuando abrieron al público empezaron con las parrilladas, porque Argentina es conocida por la carne, el tango y el fútbol. Entonces sacaron asados con un buen chimichurri y empanadas de ternera al horno, ravioli o espaguetis con una buena boloñesa, encima de los raviolis un poquito de queso rallado; de postre hicieron panqueques, budines caseros, manzana al horno y frutas de temporada, acompañados de café, té o mate.

Marcelo tenía que ver cómo haría para vender pizzas así que se las ingenió, cuando la gente pedía una cerveza él, en un platito pequeño, les servía unos pedacitos de pizza para que probaran, muchos clientes decían que eso era una parrillada argentina no una pizzería, pero Marcelo les informaba que esa pizza era artesanal, solo la preparaban ahí. Las personas empezaron a probarla y cuando les gustaba pedían la pizza entera, no lo podía creer, la venta de pizza estaba volando, además el asado era muy bueno, compraba la carne en un mercado que traían carne desde su país, era más cara pero Marcelo agarraba las tiras de asados buenísimos, el vacío, centro de entraña, morcillas, chorizo parrillero, la famosa provoleta italiana que era riquísima y las pizzas. Eventualmente empezó a vender más pizzas que la propia carne argentina.

Parecía que Marcelo tuvo la suerte de encontrar un ingrediente para poder lucirse. Además creó una pizza original a la que le puso por nombre Special 5, era increíble. Si diez personas entraban al restaurante, cada una de ellas pedía una pizza individual, Marcelo debía correr para sacar cantidad y coordinar con Catalina que estaba con él en la cocina, la pobre también corría, los dos se desesperaban por que las comidas salieran rápido.

En poco tiempo tenían 70 personas para comer en el local o para llevar, todos luchaban, Rafael en la parrilla, era un aprendiz pero la peleaba muy bien; los sobrinos, otros principiantes pero luchadores incansables, cuando empezaron todos luchaban parejo. Después de un año y medio la cosa se empezó a torcer a pesar de que todos sacaban un sueldo digno para vivir y mantener a sus familias.Un sábado que el restaurante cerró a medianoche Rafael se fue a bailar mientras que Marcelo se quedó en el restaurante preparando la masa para las pizzas del día siguiente. Se tardaba tres horas elaborando su trabajo, mientras lo hacía escuchó un ruido en el patio trasero donde tenían unas mesas, ahí también servían de comer a la gente, salió a ver qué había pasado y encontró defecación de pájaros, plumas y otras cosas feas, él no tocó nada para que sus hermanos vieran lo que había pasado, se habló de vudú, brujerías y cosas de ese tipo, porque la gente tenía mucha envidia al ver que les iba muy bien en el negocio, al otro día se juntaron los tres socios a hablar de la suciedad que habían botado dentro del negocio e intentar buscar una solución al respecto.

Rafael sospechaba que podía ser su ex mujer, se habían separado, él tuvo dos hijos con ella, decía que esa mujer le hacía la vida imposible, ella no quería que le fuera bien con el negocio porque era un mujeriego, bebía mucho alcohol y otras cosas. De hacía un tiempo a esa época, Marcelo empezaba a desconocer a su hermano, tomaba dinero de la caja registradora con la excusa de ser uno de los socios y Marcelo no sabía cómo pararlo, así mismo, Juan lo defendía. Rafael se estaba convirtiendo en un problema grande.

Marcelo trabajaba muchas horas, al ser el encargado de las compras, la mercadería, la carnicería, el carbón, los ingredientes para la pizza, el alquiler del local, el pago de proveedores y empleados, el vino y demás. Marcelo se empezaba a enfermar de a poco porque sus socios no se preocupaban por nada más que coger su dinero, estaba que reventaba, ellos pensaban que como él era el de la idea que entonces se arreglara como pudiera. Marcelo le pidió a Juan que hablara con Rafael, él contestaba que su hermano era soltero y no tenía que dar cuentas a nadie, Marcelo le decía que lo único que quería era que cumpliera con su trabajo, nada más, a él no le importaba su vida porque era mayor de edad.

Rafael tenía una gran responsabilidad al estar al mando de la parrilla, ellos abrían al mediodía y cerraban a las 11 o 12 de la noche; este pequeño demonio era un desastre, él debía prender el fuego para hacer el asado; dormía en una habitación al lado del local, Catalina, que estaba con Marcelo en la cocina, iba a llamarlo para que se levantara a trabajar, a las 12 todos estaban preparando las comidas y él seguía durmiendo, se levantaba después de dos horas y encima se ponía a desayunar además de replicar si le decían algo al respecto porque él era otro dueño. A Marcelo le salían canas verdes por la actitud de su hermano, trabajaba mucho y llegaba muy tarde a casa, al cerrar Rafael se iba a bailar mientras que Marcelo tenía que quedarse a hacer la pizza, no podía dejar de hacerla porque podía perder dinero. La gente seguía pidiéndolas.

Marcelo estaba en una situación muy mala, además de todas las cosas que le estaban sucediendo en el trabajo, Rosa, su mujer, madre de sus hijas, le pidió el divorcio, le pidió que se fuera de la casa porque según ella Marcelo tenía una amante, él le decía que estaba equivocada, que ella también era dueña del restaurante, que podía ir a cualquier hora del día o de la noche, le recordaba que en casa había un duplicado de las llaves para que no tuviera ningún problema en entrar y si quería podía salir de dudas, pero Rosa no quiso entrar en razón y se separaron, parece que alguien le metía cuentos.

A Marcelo le estaban pasando todas las cosas juntas, todo por querer salir adelante, estar bien y que toda la familia estuviera bien. Ya llevaba tiempo aguantando a Rafael quien le hacia la vida imposible al no levantarse pero fue entonces que se perdió aún más, empezó a usar drogas y alcohol, cuando Marcelo se iba a dormir, él llevaba gente al restaurante, mínimo seis personas a comer y seguir bebiendo, sacaba el dinero de la caja registradora abriéndola por debajo, además sacaba todo de la caja fuerte ya que tenía una copia de las llaves escondidas, todo esto era insostenible para Marcelo, estaba a punto de darle un infarto, era muy difícil estar nadando contra corriente.

Pasó medio año más, un sábado a medio día Rafael se levantó sin que nadie le hablase, estaba muy enojado, puso la cafetera en la cocina con agua para tomar mate y le convidó a Catalina, a Marcelo lo ignoró, pues él era el que le decía las cosas y era el único que le explicaba y le enseñaba como debía hacer su trabajo; cuando terminó de desayunar salió a comprar pan y cuando regresó se puso a prender el fuego en la parrilla, Marcelo vio que llevaba muchas bolsas vacías de papel, automáticamente le dijo que usara una sola bolsa y después le agregara las otras una a una para que se fueran quemando, el rebelde le dijo que a él no le tenía que importar, no le hizo caso y metió todas las bolsas juntas; Rafael nunca limpiaba la grasa de la parrilla, por consiguiente había mucha acumulada, al tratar de prender sopló hacia arriba de la campana extractora, un fuego como un volcán que empezó a quemar todo el local, el techo se partía conforme el fuego ardía, parecía como si un elefante caminara encima del mismo, los cables de electricidad se encendieron también, parecía un infierno.Marcelo sacó a Catalina tomándola de la mano, el cobarde de Rafael salió corriendo hacia la esquina, Marcelo regresó para intentar cortar la luz del cuadro principal que estaba localizada entre la cocina y el pasillo, en ese momento le pegó un sofocón de humo negro en la cara, tambaleó, iba para el suelo, de repente alguien lo agarró de la ropa hacia afuera, de no ser así hubiese caído desmayado o muerto. Nunca supo quién lo sacó de ese infierno, parece que Dios no quería que muriera, desde la calle llamó a los bomberos, mientras hablaba con ellos lloraba porque no podía creer todo lo que estaba pasando, después de todo lo que había sufrido para poner el restaurante. Su sueño ardía en su propia cara.

Llegaron los bomberos y la policía, cerraron varias calles cercanas al local, Íñigo, el dueño del edificio y su hermana Josefina no creían que Marcelo tuviera su propio seguro. Marcelo decía que había dudado en sacarlo porque cuando se lo comentó a Juan él no estaba de acuerdo en que lo contratara pero al día siguiente de esa discusión, como Marcelo era el dueño legal del restaurante fue a contratarlo de todos modos sin decirle nunca nada a Juan para evitar una bronca. El seguro era de 50.000 Euros, le reconocían el 50%. La empresa aseguradora mandó a un perito a que valorara todo lo que se había quemado, Marcelo estaba con toda esa gente, entre el humo y las cosas que habían sacado los bomberos, además había un sinnúmero de gente del barrio.

Después de un par de horas la policía empezó a interrogarlo, querían saber cómo se había iniciado el incendio, desde luego que él no podía decir toda la verdad. Le presentaron al perito, el señor Manuel, él también le preguntó qué había ocurrido en el restaurante, mientras le contaba lo sucedido no paraba de preguntarse, como un niño, el porqué de la situación.

Manuel llegó hasta conmoverse cuando le relató lo duro que habían trabajado durante más de un año para abrir el restaurante, además le contó que todos los gastos los habían cubierto con su propio dinero, que no habían ganado ni un duro todo ese tiempo, también tenían todos los permisos pertinentes, todo lo habían hecho bien para poder empezar a trabajar, no tenían ni una moneda para iniciar de nuevo, le dijo a Manuel que eran pobres, le pidió que se pusiera la mano en el corazón y por favor pensara en toda su familia, Manuel le contestó que él iba a ayudarle en todo lo que pudiera, le dijo además que comprendía pero él estaba haciendo su trabajo, que entendía lo que estaba pasando en ese momento, le dijo además que tenía la certeza de que Marcelo iba a salir adelante.

Todo era un lío porque los papeles del seguro se habían quemado, por algún trámite que Marcelo estuvo haciendo tenía una copia en su casa, fue también un milagro que ese documento importantísimo apareciera en ese momento porque Josefina acusaba a Marcelo de no tener seguro. Sobre el local, ellos tenían otros 6 pisos, todo el edificio era de ellos, por ende, debían tener un seguro de todo el inmueble. Gracias a Dios los documentos del seguro estaban en orden.

Manuel inició los trámites con la aseguradora, debía esperar para ver cuánto iban a reconocerle. Pasaron cuatro semanas y no tenía ninguna noticia entonces Marcelo llamó a Manuel, éste le informó que según el análisis la causa del incendio pudo ser un corto circuito en la campana extractora de la parrilla, ya sabían el porqué, había sido un accidente, dijo que en dos semanas lo llamaría, Marcelo le comentó que esperaba ese dinero para ponerse a arreglar el local, además le pidió el favor de ingresarle esa plata lo antes posible, pues estaba sin trabajar y su familia no tenía otro ingreso.

Manuel se portó como todo un caballero, un ser humano con un gran corazón, cuando hablaban por teléfono lo aconsejaba, le decía que estuviera tranquilo. Marcelo se ajustó con el dinero para poder terminar los arreglos y poner el restaurante en marcha otra vez.

El perito también lo motivaba diciéndole lo mucho que valía y que lo merecía porque lo que él hizo, pocas personas lo hacen, él consideraba que Marcelo trabajaba desde el corazón y con nobleza.

Así inició con el restaurante de nuevo, gracias también a la ayuda de Manuel. Marcelo cree que lo cansó de tanto llamarlo por teléfono pero él siempre lo atendía amablemente, cuando Manuel le ingresó el dinero se pusieron los tres socios manos a la obra otra vez a trabajar día y noche, después de tres meses terminaron los arreglos, quedó casi como nuevo gracias a Dios.

Marcelo compartió mucho tiempo con Manuel, se hicieron amigos, al momento de la reapertura lo invitó a comer una buena parrillada de asado y por supuesto pizza. Se quedaron encantados Manuel, su mujer y sus dos niñas. El restaurante empezó a recuperar clientela poco a poco y la gente agradecía el regresar a la Parrilla Argentina porque eran los únicos en el barrio que tenían barbacoa y pizza además de otras comidas. Marcelo se volvió más fuerte para luchar y volver a ser el mismo y recuperar la clientela. Empezaron muy bien pues venían nuevas personas de la comunidad japonesa además de actores, cantantes y directores de cine.

Muchos años atrás, cuando Marcelo trabajaba con Tito, su hermano, en la construcción, les tocó hacer una reforma para un restaurante localizado en el barrio de La Latina de Madrid, los dueños eran Alfonso, un español, y David, un argentino, ellos también tenían un negocio llamado *Corazón Loco*, ahí Marcelo tuvo la suerte de conocer algunos artistas, él sentía que eso era lo suyo, Alfonso era un actor, Perla, su madre, era actriz, también su hermano era el actor Ricardo, quien había sido galardonado en Hollywood.

A Ricardo le gustaba contar sus anécdotas. Una vez contó de cuando acababa de llegar de Hollywood donde había hecho el doblaje de la voz para un dibujo animado, llegando al aeropuerto de Barajas - Madrid, con su bolso al hombro y arrastrando su maleta, recibió una llamada telefónica, era de Estados Unidos, alguien le tendió una broma macabra, le dijeron que tenía que regresar porque en algunas de las partes de la grabación su voz no se escuchaba y tenían que repetir el rodaje. Se puso como loco, mientras hablaba al teléfono se alejaba de la parada de taxis, sin darse cuenta. Un vigilante le llamó la atención, le advirtió que no podía caminar por esa zona pues era muy peligroso, mientras éste estaba hablando se le cortó la llamada, en ese momento se dio cuenta del peligro y le agradeció por salvarle la vida, regresó a la parada de taxis y recibió otra llamada era el director de cine quien le dijo que todo había sido una broma, contaba que mientras hacia el viaje en taxi no paraba de reírse, compartió lo sucedido con el taxista, le decía que en cualquier sitio hay un cabrón que te juega una mala pasada, pero que gracias a Dios todo había terminado en una broma.

Varias veces con Ricardo, Alfonso y Perla, la madre de ellos, Marcelo y Tito comieron en el Corazón Loco. Después de compartir muchas veces la mesa, un día, los invito al rodaje de una película en Barcelona, les dijo que había rentado un chalet, que fueran a la playa a ver la filmación, Alfonso le pidió que le diera una habitación privada para él a lo que Ricardo contestó que no había problema, además les pidió a Marcelo y Tito que no le fallaran.

Ricardo era un grande, como actor y como persona, era un ídolo para Marcelo, a él le hubiese gustado encontrarlo de nuevo y poder compartir sus anécdotas, le hubiese gustado tener su opinión, invitarlo a su restaurante y saber cuál habría sido su consejo, Marcelo nunca pudo agradecerle lo mucho que le agradó compartir con él y su familia, que Dios lo bendiga por la clase de ser humano que es.

Marcelo siempre soñó con el mundo del espectáculo y, a través de algunos de los actores que iban a su restaurante, recibió la invitación de participar con ellos en el rodaje del cortometraje de una película española, sin saber nada estaba metido con los actores y actrices, Marcelo lo pasó divino.

Cada vez que podía se daba una escapadita al set del cortometraje pero no podía dejar el restaurante en manos de Rafael puesto que sus dos socios seguían con la misma filosofía de antes de que se quemara el negocio, a pesar de todas las personas nuevas que los visitaban para comer y de estar muy contento de que se hacía buen dinero, seguía el problema interno, sus socios no le ayudaban en nada positivo, fue un error grandísimo el poner el restaurante con ellos, Marcelo fue el único en luchar, iniciar de cero, tenía la capacidad para llevar el negocio pero siempre pensaba que si el triunfaba sus hermanos también lo harían, sin embargo no fue así.

Rafael seguía con sus trasnochadas, viviendo la vida loca con sus vicios, además, no paraba de llevar gente al restaurante por la madrugada, siempre de parranda y metiendo a Marcelo en problemas; como tomaba no se daba cuenta del volumen de la música y al día siguiente, por la mañana, cuando Marcelo regresaba se encontraba con Íñigo que lo amenazaba, que si seguía con el ruido de la música tan alta, corría peligro con su contrato de alquiler porque ese supuesto problema estaba estipulado en el contrato firmado por Marcelo, él debía pensar cómo solucionar el problema; Marcelo le juraba que no iba a ocurrir otra vez, le pedía disculpas y, el dueño le daba otra oportunidad, ya que Íñigo lo apreciaba mucho, pues lo veía día y noche vigilando el restaurante.

Marcelo se mantenía luchando contra los dos socios que le hicieron la vida imposible en esos tres años, fueron una tortura para él, nunca pensó en tener dos enemigos de su propia sangre.

A raíz de estos problemas Marcelo cayó enfermo con depresión, una vecina lo llevó al hospital a la sala de urgencias; da la casualidad que la doctora que lo atendió, era Miriam, la madre de dos chicas que iban con frecuencia al restaurante a comer pizza, Miriam le dijo que lo conocía, que sabía que Marcelo llevaba todo en el restaurante y muy bien pero que un día que ella estuvo comiendo en el restaurante le había comentado a sus hijas que Marcelo era uno de los dueños, mas estaba muy estresado, además había agregado que debía cuidarse porque si no corría el riesgo de terminar mal, da la casualidad de que Marcelo cayó en las manos de Miriam. Ella era una doctora excelente, una mujer un poco mayor pero que tenía una delicadeza para atenderlo y sobre todo para hablarle.

Marcelo estuvo cuatro días en observación, solo sus hijas lo fueron a visitar al hospital, ni los socios, ni los sobrinos, solo Dios y Miriam, esa doctora divina que lo atendió. La doctora lo aconsejaba mucho, le decía que por poco no le había dado un infarto, que su problema de salud era fuerte y debía retirarse del restaurante o podía pasar el resto de su vida en una silla de ruedas y eso si tenía suerte porque su problema era una cosa seria, la próxima vez no tendría ninguna oportunidad. Miriam le hablaba, le decía que él ya era mayor, debía meditar sobre el problema ya que de eso podía depender su vida.

A los seis meses regresó para ver en qué situación estaba el negocio, no se puso a trabajar porque aún no estaba bien. Empezó a revisar las facturas sin pagar de la electricidad, el alquiler, los proveedores, no habían pagado el carbón, la carne ni la harina, en fin muchas cosas sin pagar por varios meses. Rafael se había quedado al mando, y éste actuaba como un caballo desbocado, corría para todos los sitios pero no cubría todos los gastos, pagaba poco a la gente y ya no le traían mercadería. Marcelo no pudo hacer lo que Miriam le aconsejó de poner a alguien en su lugar, mantenerse fuera y disfrutar de sus hijos porque le llovían llamadas que le cobraban. Marcelo no sabía qué hacer.

Lo primero que hizo fue llamar a Íñigo el dueño del edificio y plantearle su situación, él le dijo que cerrara el negocio lo más rápido posible, su familia le estaba chupando la sangre, parecía que no se daban cuenta del daño que le estaban haciendo. Marcelo les plantó cara a los dos socios y les dijo que cerraría de momento porque se debía mucho dinero y todo estaba a su nombre. Les dijo además que esa era la única manera de tratar de pagar a todo el mundo. Aparte de los proveedores se debía la seguridad social de todos los trabajadores, la deuda era de más de 70.000 Euros. Juan y Rafael se hicieron a un lado, como que no tenían que pagar nada, Marcelo tuvo que asumir toda la deuda, aparte de estar enfermo no tenía dinero, ni trabajo. No sabía cómo iba a pagar, era muchísima plata.

Tuvo que enfrentarse a juicios de la gente que le cobraba, Marcelo se vio obligado a regresar a trabajar en la construcción para poder pagar lo que se debía, lo hizo solo, de sus socios nunca tuvo ninguna ayuda. Sentía que se había equivocado desde el día que los llevó a España en su intento de ayudarlos.

Para esa época empezó a caer la banca inmobiliaria y la construcción, inició el retroceso, ya no se vendían casas y tampoco se alquilaban los locales, por lo tanto, no había crédito para los famosos ladrillos, ya no daban crédito hipotecario a nadie, no había trabajo en el sector inmobiliario lo que un día fue el fuerte del país. Marcelo seguía endeudado, buscaba la forma de pagar sus deudas pero no había trabajo en la construcción, muchas familias se regresaron a sus países de origen porque no podían pagar los coches o las casas. Las propiedades subieron casi el doble de su precio. Marcelo seguía haciendo lo que podía pero buscaba otro país para irse a trabajar porque España era un caos, parecía que no había otra salida. Los chicos jóvenes se iban del país, buscaban nuevas fronteras y un futuro mejor, viajaban como estudiantes, trabajaban como aprendices en otros países y recibían un mejor sueldo. Para esa temporada Marcelo empezó a viajar con unos artistas como chofer, también llevaba grupos musicales por toda España. Puso de nuevo todo en las manos de Dios y solo le pedía que lo ayudara.

LO QUE SE HEREDA NO SE DISCUTE

Hace unos años Margarita, la hija de Marcelo, empezó a cantar por primera vez, él la apoyaba en todo, si cantaba para él era un orgullo por ser su descendencia. Inició a cantar en el colegio y después Marcelo la fue preparando para que cantara en cualquier evento que saliera, el primero fue en un garaje de coches con veinte personas y, mientras la llevaba a clases de canto, iba buscando más opciones. En un restaurante chino la presentó con cinco pistas y ganó sesenta euros y la comida para ella y para su padre, fue algo muy lindo ver a su hija cantar ya que él no pudo hacerlo, por Margarita, él no iba a parar de ayudarla. De cualquier evento que se enteraba Marcelo la presentaba, la llevó a la radio y a la televisión.

Un día la llevó donde Rocío, una cantante profesional que tenía una academia en Madrid, la escuela era muy prestigiosa y además cara, el candidato que quisiera ser parte de ella debía pasar una prueba. Cuando Marcelo habló por teléfono con Rocío, ella le dijo que no iba a perder el tiempo y tampoco quería que Marcelo perdiera su dinero, él llevó a Margarita a la prueba, Rocío la puso con Fidel, un profesor en un cuarto de estudio, mientras Marcelo charlaba con ella en el pasillo de la academia. Fidel le tomó la prueba con el piano y una canción en inglés, Margarita no tenía ni idea de cómo cantar con un instrumento, pues no lo había hecho antes pero en fin, salieron hacia donde estaban Rocío y Marcelo conversando sobre la gira de la cantante por medio mundo. Al verlos Rocío le preguntó que tenía esa niña de bueno para poder ser aceptada en la academia a lo que el profesor respondió "esta niña tiene un duende en su voz, lo demás", le dijo, "se lo sacaremos nosotros".Fidel era la mano derecha de Rocío, ella miró a Marcelo y le dijo "tu hija está aprobada por la academia de canto así que el mes que viene empieza sus clases, son dos horas dos veces a la semana". En ese momento empezó el desafío para Marcelo, tenía que sacar dinero de donde fuera para que Margarita aprendiera; a la vez era un reto para su hija porque ella prefería cantar en inglés y donde se presentaba en España no a todos les gustaba porque querían que cantara en su idioma natal, algunas personas le decían que por haber nacido en España tenía que cantar en español. Margarita le contradecía a Marcelo porque desde pequeña cantaba en inglés, siempre fue una lucha entre padre e hija para que empezara a cantar en español, después de mucho discutir aceptó cantar mitad y mitad. Así, mientras Marcelo se encontraba en el trabajo pensaba en que Margarita algún día iba a triunfar como cantante.

Una vez fue a comer a un restaurante, se encontró con Ibrahim, un africano representante artístico, le preguntó qué tal era la comida en ese sitio, él le contestó que era muy buena, que se la recomendaba ya que preparaban exquisiteces, Marcelo pidió la comida, el africano se mostró sociable, a Marcelo que le gustaba mucho hablar y no se callaba ni bajo el agua, le preguntó qué tal era su trabajo, éste le contestó que le iba bien, que era representante de un ballet musical. Marcelo sacó debajo de la manga el tema de Margarita que estaba empezando como cantante, éste le dijo que fuera al teatro donde actuaban sus chicos y que llevara a su hija para que viera la función, además le dio dos entradas de cortesía.

Marcelo se ofreció como conductor si le hacía falta, su idea era entrar en amistad con el representante mientras fuera su chofer y así Margarita podría cantar con ellos, por fin pudo negociar aunque Ibrahim era muy desconfiado y calculador, no dejaba que él se acercara a Jacinto, el dueño del teatro, porque tenía miedo que le quitara el puesto ya que lo veía entrador y encima de habla española, de todos modos él se fue acomodando con el representante, lo ayudaba en la casa donde vivían los artistas, además, como era del gremio de la construcción hacia plomería, electricidad, pintura, en fin cayó como anillo al dedo.

Margarita empezó a cantar en el teatro de Madrid, aunque tenía problemas con Ibrahim porque ella cantaba en inglés, al público le gustaba pero él sentía celos. Un día le dijo a Marcelo que Jacinto le había preguntado, quién era esa chica que cantaba en inglés y según él, el dueño le había dicho que si no cantaba en español no podía cantar más en el teatro, Marcelo le comentó a su hija lo que dijo el representante y el dueño del teatro, entonces ella se enojó y se negó a volver a cantar en ese lugar.

CONOCIENDO OTRAS CULTURAS

Marcelo siguió con los artistas africanos de gira por España, mientras llevaba el grupo, conoció gran parte del país, su ilusión era que Margarita cantara en lugares de mil o dos mil personas para que la conocieran y se dieran cuenta de cuanto valía como cantante y el talento que tenía. Mientras seguía de gira con los artistas Margarita estudiaba, él empezó a llevarse bien con todos a pesar de que hablaban solo francés y él no entendía nada de lo que le decían, pero ellos lo necesitaban y Marcelo a ellos, sufrían mucho al no saber español, se entendían a señas pero él les enseñaba un poco y ellos le enseñaban francés.

Eran verdaderos artistas profesionales como la copa de un pino, pero muy mal pagados, sufrían por sus familias en África, Marcelo era como un africano más pues le querían y se lo demostraban, él les ayudaba con todo lo que podía. Poco a poco se fue acercando a Cotón, el cantante del grupo, y haciendo amistad porque él, además de cantar en el grupo también lo hacía solo y llevaba músicos a los diferentes eventos donde se presentaba, además de cantar, tocaba un instrumento en todos sus programas.

Marcelo se enteró que él tocaba en un crucero por Europa aparte de España, era pobre también a pesar de que trabajaba por muchos sitios y ganaba dinero, no le quedaba nada ya que tenía varias mujeres y muchos hijos, Marcelo se hizo colega de él y le dijo que cuando fuera a cantar a Madrid que le echara una mano con Margarita, su hija.

Cotón aprovechó la oportunidad de que Marcelo tenía un vehículo, y le pidió si lo podía llevar a él y a un par de artistas de ballet africano a una actuación así que empezó a hacerle de chofer y, aunque la oportunidad para su hija no llegaba, iba ganando algo con el cantante ya que era una buena persona y le daba un poco de dinero y a veces se iban a comer a la casa o a tomar té africano, en fin le hizo conocer la cultura africana.

Éste solía preguntarle de que país era Marcelo, él respondía que era ciudadano del mundo, pero si querían saber su origen, él había nacido en Argentina, y repetía que era amigo de todos, Marcelo decía que no existen las nacionalidades para su corazón.Siempre tuvo mucha ilusión de triunfar en la vida y lo hacía un poco siendo representante de Margarita. Marcelo los acompañaba a las actuaciones, un día le preguntó al cantante si ya había grabado un disco, en africano o en español, éste le contestó que no tenía dinero porque tenía que mantener todos los meses a sus hijos en África, por lo tanto no le alcanzaba, además, en Madrid pagaba piso para la otra mujer y sus dos hijas, Marcelo le dijo que podían intentarlo, él iba a mover todo para que pudiera grabar un disco, soñaba que Margarita cantara en el crucero por Europa con Cotón en algún momento. Nunca cantaron juntos.

Marcelo tenía ya una amistad con Cotón así que empezó a contactar con algunos estudios de grabación y preguntar cuánto le cobraban para grabar un disco, le dijeron el precio, él les dijo que iba a preparar la música y las canciones y los llamaría cuando todo estuviera listo para comenzar la grabación.

Marcelo le dijo a Cotón que le ayudaría con la mitad de los gastos para producir el disco, él dijo que estaba bien que así lo haría más rápido, aparte que una vez que estuviese el disco en sus manos podían ir a África a promocionarlo, a Marcelo le pareció bien, sobre todo que tendrían la oportunidad de ganar dinero si se vendían los discos y si el cantante iba de gira, Marcelo lo acompañaría ya que él era su chofer y el dueño del vehículo.

Mientras Marcelo trabajaba en la plomería y ganaba un dinerito, seguía preparando en el estudio de fotografías la foto que iba a poner en la portada del disco, una vez que tuvo la maqueta grabada, llevó a todos los músicos y al cantante una mañana temprano al estudio, para evitar que llegaran tarde, ya que el senegalés tenía fama de dormilones, pasó por ellos y los llevó al estudio a grabar. Todo estaba organizado con Cotón, los músicos, los instrumentos y el dueño del estudio. La grabación duró casi todo un día, a la hora de pagar Marcelo le pidió al cantante que le diera su mitad pero él le contestó que no le habían pagado, Marcelo miró al dueño del estudio y le dijo que no se preocupara porque él le pagaría todo y que se arreglaría con el cantante después.

Pasó el tiempo y éste no le mencionaba nada del dinero que debía darle y con la maqueta grabada había que producir al menos 500 copias, la idea era llevarlas a África. Marcelo fue a la casa del cantante y le mencionó que ya había pedido la reproducción del disco, que debían pagar, éste le contestó que lo pagara él, que cuando tuviera dinero le daría su parte, otra vez le tocó pagar todo a Marcelo.

También había que sacarle fotos profesionales, tampoco tenía dinero para eso, de todas maneras Marcelo habló con el dueño del estudio fotográfico, le explicó que tipo de fotos quería, y preguntó cuánto le cobraría, Cotón tenía la ropa muy gastada, así que tuvo que comprarle ropa, lo vistió un poco al estilo africano-hawaiano e hizo un montaje donde figuraba una playa, el mar y palmeras. El dueño del estudio era muy profesional, le hizo caso en todo lo que le pedía, aunque Marcelo no tenía experiencia en el medio artístico, sí tenía mucha imaginación.

Marcelo siguió adelante con los preparativos del disco, fabricó unas camisetas con su nombre y la foto de la portada del disco e hizo las tarjetas de presentación para que la gente lo contratara en cualquier parte del mundo. Tenía todo preparado para la promoción en África. Cotón era un cantante senegalés que se pasaba de listo, lo envolvió en su maraña haciendo que éste asumiera toda la responsabilidad, engañándolo con la historia de que iban a triunfar con la venta de todos los discos y con la promoción en su país pero lo decía solo de boca para afuera, mas no metía nunca la mano en su bolsillo, Marcelo alucinaba porque estaba metido con toda la supuesta promoción, y Cotón, siendo el cantante, no se involucraba.

Marcelo lo veía como una mente prodigiosa, pues sin saber ni leer ni escribir, lograba componer canciones de todo tipo. Le preguntó cuánto salía el viaje para África, él ponía la camioneta pero era preciso saber cuánto iba a costar el viaje, Cotón le dijo que debían poner 600 Euros cada uno, pero aparte tenían que llevar la comida para el camino, Marcelo llevó 1.000 Euros por si acaso, si hacía falta sacaría ese dinero que llevaba escondido, no sería tan difícil.

Cotón decía que conocía el territorio, pero eso resultó mentira, él había viajado una sola vez en coche, y tres años después de ese viaje Marcelo le dio la oportunidad de regresar a su casa otra vez en un vehículo.

EL DESAFÍO

Salieron el 24 de diciembre a las 6:00 de la tarde, mientras todos estaban festejando la víspera de Navidad, ellos emprendieron el viaje, Marcelo salió con mucha pena porque dejaba a sus hijos. Empezó a conducir de noche aunque era justo lo que no quería hacer porque tenía problemas con la vista, debían cruzar España de punta a punta. Conducía más rápido de lo normal porque tenían que llegar a tiempo a Tarifa para tomar el ferry que los llevaría a Marruecos. Al subir al ferry sintió recelo porque las ruedas de atrás de la camioneta estaban bajas debido a que iban sumamente cargados con cajas y maletas llenas de ropa para los hijos de Cotón y demás familiares, había mucha pobreza en Senegal, el país del músico.

Esa noche durmieron en un hotel, porque era barato, fueron a un restaurante donde comieron cuscús, una comida caliente de origen árabe, se tomaron unos refrescos y al final probaron el mejor té que jamás había bebido en ningún otro sitio.

Al día siguiente, a las seis de la mañana se levantaron y salieron sin desayunar nada, buscaron una gasolinera porque ya les quedaba poca gasolina y aprovecharon para tomar un vaso de leche caliente e ir al baño, aquí comenzaron las sorpresas. En la entrada del baño había un hombre que les daba una botella con agua porque ellos no usan papel, se tenían que lavar el trasero con la mano izquierda porque la derecha se considera sagrada, con esa mano se come. Marcelo al ser derecho tenía que usar dos botellas por lo menos.

Su existencia empezaba a cambiar en muchos sentidos, pensaba en que la vida lo había preparado un poco por lo tanto que había sufrido hambre de pequeño. Cotón no sabía guiarlo, recorrían carreteras más largas, se perdían, en cuanto podían paraban para hacer señas con las luces y preguntar algún viajero cómo cruzar el Sahara

PERDIDO EN MEDIO DEL SAHARA

Empezaron a cruzar el Sahara, era impresionante ver la cantidad de camellos que atravesaban por la carretera, se veían obligados a detenerse para dejarlos pasar. En el recorrido se encontraron con Isak, un africano de Senegal que se ofreció como guía, éste fue de mucha ayuda, porque por la noche el Sahara era aún más peligroso, sobre todo por las tormentas de arena que daban en la frente y no permitían ver ni a un metro de distancia, a esto se sumaba el cansancio y el hambre. Corrían el riesgo de caer en el vacío, porque la camioneta estaba sobrecargada y el peso la hacía patinar.

El Sahara era muy largo y no había nada por el camino excepto los animales. Se desviaron varias veces para comer lo que habían comprado en España, sardinas, galletas, dulces y pan en bolsas, también llevaban leche en caja para ellos y para la familia de Cotón, quien le metía presión y lo apuraba, Marcelo no podía ni con su alma del cansancio y el sueño que tenía encima porque solo habían dormido la noche que llegaron a Marruecos, después solo cabeceaban o paraban cuando encontraban una tienda para tomar algo caliente o un bocadillo que alegraba el estómago y para ir al baño. Algunas veces se aseaban, pedían un recipiente y, con el jabón que tenían, se lavaban a saltos. Cotón lo hacía primero y luego le prestaba el recipiente a

Marcelo, mientras él se enjuagaba, el cantante aprovechaba para ir a rezar a la mezquita, Marcelo trataba de dormir un poco hasta que regresara, debía descansar sentado, de ese modo cuidaba la camioneta para que no se robaran la carga que tenían, llevaban un televisor, una bicicleta, una guitarra, un órgano y una cama para masajes, la última era de Marcelo, la idea era que pudiera trabajar con el masaje cuando llegaran a Senegal. En España también había sido masajista.

Mientras tanto en el viaje peleaba por su vida y la de Cotón que iba sentado a su lado como copiloto pero pasaba más tiempo dormido que ayudándole a ver el camino. Además, en el desierto, había unos mosquitos pequeños que te picaban tan fuerte que parecía que te arrancaban un pedazo de piel, eran mosquitos caníbales o algo por el estilo, cuando te picaban te hacían mucho daño.

También corrían el riesgo de quedarse estancados en la arena o que se volcaran. Seguían a Isak quien tenía un coche cuatro por cuatro, la camioneta de Marcelo no tenía mucha fuerza porque era pequeña y encima iba cargada a más no poder. Isak recogió en la carretera a Mohamed, un chico que hacía dedo.

Esa noche hubo una tormenta de arena malísima, no se alcanzaba a ver nada, tuvieron que detenerse a esperar que pasara. Entre ellos hablaban francés, Marcelo no entendía nada.

Al continuar el camino, siguieron una ruta que Mohamed les indicó, Isak propuso que Cotón se fuera con él y el muchacho con Marcelo, ya estaban cerca de Mauritania. Mohamed los había invitado a que durmieran en su casa, él conocía bien el camino, decía que ese recorrido era más corto. Desde donde Mohamed vivía, en media hora terminarían de pasar el Sahara de Marruecos.

Continuaron por una carretera de arena, a Marcelo le iba mal porque Isak iba muy rápido, no lo podía alcanzar, se adelantaba hasta 20 calles, cuando iban de bajada lo alcanzaba, pero de nuevo se alejaba y después de unos cuantos cruces los perdió. Cotón se fue con Isak y Marcelo con Mohamed, estaba perdido en medio del Sahara.

Marcelo le pedía mucho a Dios que lo ayudara porque tenía sus dudas sobre ese chico que iba con él, no sabía si de repente le podía sacar una pistola o si cuando llegaran a su casa le iba a robar hasta la camioneta, muchas cosas pasaban por su mente, estaba pasando un momento muy duro, debía sacar fuerzas de donde fuera para no dormirse del cansancio y además cuidarse de ese hombre que llevaba, se le caían las lágrimas sin saber que sería de la vida de Cotón, él por un lado, Marcelo por otro.

Mohamed se ofreció a acompañarlo para cruzar Mauritania y decía que de ahí podía continuar solo hacia Senegal, de repente, gracias a todo lo que le había rogado a Dios, ocurrió un milagro, en la carretera que viajaban vieron a lo lejos unas luces, cuando se acercaron se dieron cuenta que era el coche de Isak, Marcelo lo reconoció enseguida, la policía los había detenido porque traían una luz delantera quemada, el destacamento era en una pequeña cabina donde los estaban interrogando.

Marcelo paró, se bajó corriendo a buscarlos y entró en la garita, al ver a Cotón se abrazaron, a él se le empañaron los ojos con las lágrimas al igual que al cantante, quien pensó que no lo volvería a ver porque un blanco en África era carne de cañón.

Cotón había pensado que Isak y Mohamed se habían puesto de acuerdo en secuestrar a Marcelo para robarle la camioneta. Él decía que durante el camino quería matar a Isak de la rabia que tenía, parecía toda una trampa preparada por ambos, Cotón le explicó que había mucha mafia en esas zonas cercanas a las fronteras entre Marruecos y Mauritania.

Saliendo de la garita policial, después de una hora de camino, llegaron a la casa de Mohamed, quien resultó ser un buen tipo. Les presentó a sus padres y los invitó a pasar, entraron a un salón grande, había muchos cojines azules alrededor del aposento que se usaban como asientos, en el centro había una moqueta árabe hermosa, y una mesa bajita de cristal apoyada encima de la moqueta.

Se lavaron las manos para comer, Mohamed gentilmente les preparó el té africano mientras su anciana madre les ofreció una canasta de un pan sabroso, después la madre de Mohamed les preparó una comida exquisita servida en algunas bandejas de donde comieron los cuatro, al final la señora les trajo una fuente cargada de frutas cortadas a la mitad que hacían la forma de una flor bellísima.

Marcelo se arrodilló e inclinó su cabeza hasta la moqueta mientras decía: "gracias madre santa, por darnos esta comida, por atendernos de este modo". Ella le puso la mano en la cabeza y le dijo, "hijo, tu vida va a cambiar en África, muchas bendiciones para ti".Durmieron ahí esa noche, Marcelo se sintió muy a gusto, como si estuviera en su propia casa, la atención fue como la de su querida Mamacalu. Al día siguiente desayunaron y se despidieron de los padres de Mohamed, él amablemente los acompañó hasta la camioneta y les indicó cual era el rumbo que debían seguir para llegar a Senegal.

MAURITANIA Y LA VIA DEL TERROR

Llegaron a la aduana de Mauritania, había un descontrol entre unos y otros por el pago de impuestos. Revisaron la camioneta y la pasaron por un escáner para controlar que no llevaban drogas ni armas. La camioneta de Isak se quedó atrapada en la arena y no podía sacarla, siete senegaleses se pusieron a empujar, uno se metió a conducir, Marcelo estuvo muy atento y comprendió que su intención era robarle la camioneta a su propio paisano, entonces le dijo que se bajara y se puso al volante pues Isak estaba muy cansado, él también pero logró sacar la camioneta de la arena y salvar a Isak de que lo dejaran en la calle y le robaran el vehículo de una forma ridícula.

Emprendieron el camino en los dos coches, el guía iba siempre adelante, pues él conocía muy bien la ruta, Marcelo estaba atrás peleando con su camioneta porque iba muy lenta, además, la carretera en Mauritania estaba en pésimas condiciones, no tenía barandillas, en cualquier descuido podrían caer al precipicio, Marcelo sufría de vértigo.

Subieron por una montaña a velocidad de 10 km/h, cuando se encontraba en lo más alto, por casualidades de la vida entró una llamada, era Shaolin, la hija mayor de Marcelo quien lo llamaba preocupada porque no tenían noticias de su padre desde hacía tres días, Marcelo conducía en ese momento con las manos apretando el volante y encima tuvo que agarrar el teléfono para contestar, le dijo a Shaolin que iban cansados pero que estaban bien, que en cuanto llegaran a Senegal la llamaría, que no se preocupara. Aquello parecía interminable pues había una caravana de treinta coches que circulaban muy despacio, Marcelo de vez en cuando miraba de reojo al vacío, podía apreciar algunos coches caídos en el precipicio. Después de casi dos horas por fin empezaron a descender la montaña, ahí Marcelo podía decir que estaba un poco mejor hasta que bajaron por completo del cerro y la velocidad de los coches aumentó a pesar de que la carretera era angosta y muy peligrosa.

El pavimento estaba en mal estado, los camiones se acercaban más hacia el centro de la carretera de una manera temeraria, no les importaba nada ni nadie que se interpusiera en su camino, al tercer vehículo que se encontraba detrás de ellos, un camión le arrancó todo el costado, incluida la puerta del chofer, no lo mató por un milagro. Esa noche los camioneros disfrutaban conduciendo irresponsablemente, Marcelo, por otro lado, estaba muerto de miedo por arriesgar su vida y la de Cotón, se sentía en obligación como chofer y guardaespaldas. Como a las tres de la mañana buscaron una tienda porque Isak y Cotón querían tomar té, Marcelo no se bajó debido al cansancio, más bien aprovechó para dormir hasta que regresaron, Marcelo trató de convencerlos de que descansaran, después de mucho insistir aceptaron, se acurrucó en el asiento doblado y durmió poco porque los mosquitos caníbales lo querían comer vivo, le dieron una paliza de película, además el sudor los atraía.

Retomaron el camino, en la carretera los coches se quedaban averiados, algunos descompuestos por completo, de repente la carretera se convirtió en un pequeño camino con muchas piedras robustas de montaña, grandes y pequeñas. Cuando el coche las pasaba, saltaba, la camioneta rosaba la parte trasera y por momentos, Marcelo, pensaba que iba a dejar botada toda la carga.

Ese era un camino obligatorio, todos los coches debían pasar por ahí. En cuanto pasaron los baches y parecía que podían ir un poco más rápido, los africanos de Mauritania se cruzaban por delante con sus coches potentes para hacerlos volcar o caer en el vacío y robarles todas las pertenencias. Cotón llevaba un cuchillo en su mano derecha y le pedía a Marcelo que no parara, aunque se le reventaran las ruedas porque esa gente los iba a matar y peor aún, porque el que conducía, era un blanco.

Cotón le avisaba cuando esos tipos se les acercaban para que Marcelo maniobrara el coche, éstos eran unos tipos que usaban unas gafas oscuras, algunos de ellos tenían una cicatriz en la cara que daba terror solo con mirarlos. Él pensó que nunca había sentido tanto miedo de perder la vida o de morir asesinado por ese tipo de delincuentes y sin poder defenderse.

La parte indispensable para ellos, era el coche de Isak, que siempre estuvo adelante mostrándoles el camino; hubo un momento en que tres coches de los delincuentes se le cruzaron, la rueda delantera de la derecha de la cuatro por cuatro salió unos cuantos centímetros de la carretera, esto desestabilizó la camioneta debido a toda la presión de esos individuos, Marcelo pensó que lo iban a tumbar y, de ser así, hubiesen muerto todos, pues ellos iban pegados al guía. No sabe cómo logró hacer una maniobra para enderezar el coche, Marcelo por un momento vio la rueda trasera en el aire. Sin duda Isak era un buen piloto pero lo acorralaron, a pesar de todo salió adelante con mucha bendición para todos y cada uno de los que viajaban juntos.

Curiosamente perdieron de vista a Isak media hora antes de llegar a la frontera por la cantidad de coches que estaban entrando, después de tantas dificultades llegaron a la Aduana de Senegal.

UN ESPEJISMO EN LA ADUANA DE SENEGAL

En el primer puerto había una gran multitud, tenían que esperar para hacer el papeleo, tuvieron un poco de suerte, pues Cotón llamó con un teléfono prestado a Abdul, un tipo que era su conocido y trabajaba en la aduana, le avisó de que habían llegado.

Abdul se acercó y abrió el portón en el cual estaban ellos, la gente se abalanzó sobre el coche para ofrecerles ya fuera el teléfono, algo de comer o beber, etc. por dinero aquella gente vendería a su madre si fuese posible. El aduanero comenzó a gritarles y los echó, les exigió quitarse del camino y Marcelo pudo poner en marcha el vehículo, se movía según sus indicaciones.

Éste reconoció a Cotón a apenas lo vio y le dio un abrazo. El cantante le presentó a Marcelo como su dios, dijo que era su hermano, Abdul lo miró fijo y le dio la bienvenida a Senegal, agregó que ellos quieren gente valiente y luchadora; mientras tanto continuaba corriendo a la gente que de alguna forma quería negociar con ellos porque llevaban la camioneta cargada.

Abdul empezó a mover papeles, siempre con segundos intereses pues quería que le dieran cualquier cosa, los mandaron a hacer el permiso para que Marcelo pudiera conducir en Senegal, debían hacer esos trámites fuera de la aduana, parece que les querían sacar dinero a toda costa. Cotón informó a los aduaneros que no tenían plata pero que podían regalarles un par de camisetas con su foto y algunos perfumes, Abdul no les decía cuanto debían pagar así que la incertidumbre no les permitía negociar.

En la oficina que llegaron había una fila larguísima y un calor infernal, las camisetas se pegaban al cuerpo por la transpiración, durante esa espera Cotón se encontró con Abdalah, otro conocido, el cantante le dijo a Marcelo que éste era un delincuente, él se ofreció a ayudarlos con los documentos y el cantante aceptó pero le pidió que no los engañara, confió en él porque hacía algunos años lo había tenido en su casa así que decidió contar con él. El artista le regaló una camiseta a Abdalah y a dos más que estaban en las oficinas aduaneras pero antes de dársela le preguntó a Marcelo si estaba de acuerdo ya que él era el dueño y quien las había mandado a fabricar.

Abdalah empezó a mover los papeles con direcciones falsas donde supuestamente ellos iban a estar, luego los llevó a comer a un sitio que era un poco más limpio, no había tantas moscas, a pesar de que lo invitaron, Marcelo salió pagando, le daba la idea que los senegaleses tenían un cocodrilo en los bolsillos, eran miserables y cara dura porque comieron y lo dejaron a él arreglarse con la cuenta aun sin saber el idioma.

Continuaron con Abdalah, aunque era un tipo peligroso parecía que estaba tramitando los documentos. Marcelo sospechaba que tramaba algo, el supuesto amigo le pidió que le mostraran la carga que tenían en la camioneta, él seguía con dudas porque ese tipo quería ver mucho. Los instrumentos estaban a la vista, lo demás estaba en cajas, el tipo insistió, hasta que Marcelo les dijo que no les iba a mostrar nada, esa era su última palabra, debían aceptar la información que les estaban dando.

Abdalah se fue a continuar con el papeleo, ellos se quedaron esperando, apoyados en la camioneta, los documentos pendientes por salir.

Por casualidad Cotón le dijo a Marcelo que quería ir al baño, desconfiando de su propia gente le pidió que se metiera dentro del coche y que no saliera hasta que él volviera, la espera fue sofocante, el poco aire entraba por las ventanillas abiertas dos centímetros, pero igual se le dificultaba el respirar por la temperatura elevada.

Cotón fue al baño siguiendo el rastro de Abdalah quien "les estaba ayudando", lo encontró en un sitio donde había unos chicos que lavaban coches, estaba de espaldas hablando por teléfono con su gente. El cantante se agachó como quien se amarra las zapatillas y logró escuchar lo que su supuesto amigo les decía a otros delincuentes, estaban tramando asaltarlos.

Abdalah se iba a ofrecer a conducir la camioneta ya que él conocía mejor el camino, sus compinches los estarían esperando en el sitio acordado para encañonarlos y robarles todo lo que traían.

Cotón llegó a la camioneta de todos colores aunque era moreno, mientras intentaba hablar se puso pálido.

Le contó que unos malhechores los iban a esperar en un sitio para lo peor, estaba furioso, dijo que cuando apareciera Abdalah le pegaría por traidor, Marcelo lo convenció de que no lo hiciera porque entonces los iban a detener, que le dijera que no viajarían juntos, en realidad con que él durmiera dos horas ya se recuperaba, así lo había hecho desde que salieron de España. Le pagarían en cuanto llegaran a su casa y pudieran vender algunos perfumes o cualquier otra cosa.

Abdalah cuando escuchó lo que le proponían se puso como loco y amenazó matarlos en ese mismo lugar si no le pagaban 400 Euros, se empujaban y llegaron casi a pelearse, Marcelo no entendía nada de lo que decían, aun así los separó gritando que negociaran, después le dijo que le darían 200 Euros y el resto se lo pagarían después de una semana. El tipo aceptó. Ese dinero también salió de los bolsillos de Marcelo, era parte de lo que traía escondido para sacarlo en caso de apuros.

Después de que pagaron por fin salieron los papeles de la camioneta y se subieron al ferry, a Marcelo le parecía que el coche quedaba colgando de la rampa a raíz de la sobrecarga, para rematar, la rampa estaba llena de agua pero a pesar de todo logró subir y agradeció a Dios por haberlos ayudado a salir de muchos peligros, éste era uno más de los tantos.

Marcelo subió con mucha furia y sangre fría esa rampa, lleno de valor, de coraje y confianza en que todo iba a salir mejor. El trayecto duró media hora y por fin llegaron al muelle de Senegal, Marcelo no lo podía creer, mirando al cielo daba las gracias a Dios por cuidarlos en todo el camino de todo lo malo que les había ocurrido mientras viajaban, siempre resolvieron y pudieron seguir adelante.

VIVIENDO DE ILUSIONES

Pisaron suelo Senegalés y emprendieron la marcha por las carreteras, se perdieron más de una vez porque Cotón conocía el nombre de los sitios, pero no sabía leer ni en su propio idioma, se les hizo de noche y no había nadie a quien pedir información, lograron parar después de un rato en una gasolinera donde los orientaron, viajaron toda la noche, solo paraban en alguna tienda o gasolinera para descansar máximo cuarenta minutos.

Marcelo iba muy mal por el cansancio y el sueño, durante seis días no había podido descansar bien, le empezaron a dar calambres en todo el cuerpo, había conducido durante todo el viaje y para colmo Cotón lo apuraba anheloso por querer ver a su familia, Marcelo se estaba quedando dormido al volante, le pedía al cantante que no lo dejara dormir porque podían chocar en cualquier lugar, se echaba agua en la cabeza y después le daban unos escalofríos por todo el cuerpo, le pasaba de todo, tenía mucha hambre y frío, quería una cama.

Este viaje fue brutal, Marcelo había conducido mucho durante su vida pero esta fue una idea descabellada, manejar a través de cuatro países era inhumano.

Salieron de una de las avenidas principales, se metieron en unas calles de piedras y mucha arena y de ahí giraron hacia un callejón angosto, ese era el destino final.

AMANECIENDO EN SENEGAL

Llegaron a las ocho de la mañana. El cantante vivía en un pueblo localizado a media hora de la capital, Dakar. De una pequeña y humilde casa salieron muchos niños que fueron a su encuentro, abrazaban a su padre y a Marcelo le daban la mano. El conductor se arrodilló frente a la camioneta para darle gracias a Dios. Bajaron todas las cosas que traían, lo hicieron pasar al fondo donde tenían una habitación, ahí debían dormir cuatro niños, Cumba, la esposa de Cotón y ellos dos, eran en total siete personas que dormirían en una sola habitación en el suelo con dos mantas que ponían como colchón.

Cumba le dio un balde con agua, Marcelo buscó su champú y una toalla, el baño era de cuatro chapas pero él sentía como si estuviera en un hotel de cinco estrellas, el refrescarse lo ayudó para que se relajara un poquito, durmió un rato, hasta que lo llamaron para comer.

Lo esperaban afuera en el patio, había dos platos grandes estilo paellera con una rica comida, tenía arroz y en la parte de arriba unos pescaditos; comían nueve personas por cada plato. Antes de empezar a comer le pasaron un recipiente con agua para que se lavara la mano derecha que iba a usar para comer. Ellos repetían mucho su nombre por ser extranjero, además les gustaba escucharlo hablar, aunque no lo entendieran, los niños se le apegaban porque Marcelo era muy cariñoso, al principio se comunicaban con señas, luego ellos le hablaban y le enseñaban francés, mandinga y algún otro dialecto, a él se le hacía un lio en la cabeza porque no se le quedaba nada.

Descansaron dos semanas, mientras tanto consiguieron un par de colchones para arreglar un poco la habitación. Sufría mucho del estómago, porque a la comida le ponían mucho picante y aceite y el té parecía un almíbar de tan dulce que era por lo tanto con la comida le iba mal, se le llenó la cara de granitos, él les pedía por favor que no pusieran tanto picante pero no le hacían caso, le tocaba callar y comer sin quejarse.

LA MANIPULACIÓN SE ACENTÚA

Empezaron a promocionar el disco, el primer lugar fue un estudio de radio internacional, a Marcelo le gustó mucho, lo entrevistaron al él también junto con Cotón, los locutores lo valoraron mucho, ellos, sin conocerlo le daban las gracias por traer a ese artista de regreso a su país después de tantos años y por ayudarlo a promocionar el disco. La transmisión era al aire y las personas llamaban para hablar con Marcelo y con Cotón, esto era curioso, Marcelo pasó de ser un simple chofer a un artista, así lo hacían sentir.

También mandaron a patentar el disco que habían traído de España para poder venderlo legalmente. Les cobraban y los mandaban de un lado a otro para sacarles dinero que no tenían. Empezaron a organizar pequeños eventos para promocionar el disco.Cotón se comunicó con Papis, un empresario que tenía una comparsa de ballet, éste los llevó al congreso de Dakar donde se llevó a cabo un evento hermoso, tenían grandes mesas decoradas con frutas de todo tipo y ramos de flores en recipientes de cristal, había embutidos, quesos, jamón, dulces, pasteles y gran cantidad de botellas de agua y jugos naturales. Estuvo todo muy bonito, hasta los entrevistaron en la televisión senegalés. El empresario les pagó un taxi para que regresaran a casa y les dio un poco de dinero aunque a decir verdad era casi nada.

A partir de ese día empezaron a ir por su propio rumbo, tenían contratos en bautizos, matrimonios o en lo que saliera. Cotón le dio un poco de dinero solo en uno o dos eventos, después ya no le dio ni una moneda más, Marcelo no tenía ni para comprarse un refresco, el cantante compraba la comida para la casa, él tenía que comer igual como si fuera un africano más.

Cotón sabía que Marcelo en España era una persona inquieta y no se quedaba tranquilo porque era trabajador y aparte le gustaba el mundo artístico pero en Senegal se sentía acorralado al no saber el idioma, el cantante se aprovechaba de eso y lo manipulaba. Cotón era como los gitanos en España, si podría vender a la madre la vendería sin ningún problema.

Pasaron los meses y se vendían pocos discos y lo que Cotón agarraba se lo metía en el bolsillo, le decía que después harían las cuentas pero eso nunca sucedió, sabía que lo estaba engañando y hacia todo lo posible para que no se enojara ya que podía sacarle mucho provecho, en España Cotón era cantante, Marcelo era un plomero pero aun así, él podía moverse mejor, por la sola razón que hablaba el castellano, además Cotón no tenía muchas puertas abiertas por su origen.

Éste era un tipo calculador que, desde que lo conoció, empezó poco a poco a ver hasta dónde podía llegar, su propósito era sacarle el mayor provecho posible, Marcelo recordaba que desde España comenzó a decirle que él debía casarse con una linda africana y tener muchos hijos porque valía mucho como hombre por ser luchador y emprendedor. Sus intenciones iban más allá.

Cotón quería que Marcelo continuara manejándole su carrera artística y era mejor si formaba parte de su familia, necesitaba de alguien, especialmente en España donde sufría tantas limitaciones.

ATADO A SU SANGRE

Después de estar en Senegal por tres meses Cotón volvió a insistir con el cuento de la boda y la importancia de tener familia, le dijo que tenía muchas sobrinas y que iba a hablar con ellas, que organizaría un encuentro para que pudiera escoger a la que más le gustara, le dijo además que sus sobrinas eran puras y que ningún hombre jamás las había tocado, podían entregarse solamente al hombre con quien se casaran.

Trajo doce sobrinas a su casa, ellas fueron entrando una por una a la habitación, atendían a Marcelo, le servían la comida, le pasaban el recipiente para el agua que servía para lavarse las manos, le pasaban la servilleta, cortaban y preparaban la comida, le quitaban el hueso al pescado, eliminaban el picante para que no le hiciera daño y le servían la fruta muy bien cortada y decorada en una bandeja. Marcelo estaba sorprendido, nunca antes le habían atendido tantas mujeres juntas, su gentileza y detalles era incomparables, cada una de ellas estaba dando lo mejor que tenía para poder ser la elegida para casarse con él.

Cuando las chicas salieron, fueron a hablar con su tío, Cotón tocaba con la Cora una hermosa música africana. Las chicas lo rodearon a él y a Cumba, hacían preguntas para saber más de Marcelo, Cotón les hablaba excelencias, decía que él tenía un corazón muy grande, que le gustaba ayudar a las personas y por eso él había pensado que era bueno que escogiera a alguna de ellas para casarse y formar una familia en Senegal. A Marcelo le gustaron todas pero había una chica especial que no estaba en ese grupo: Fátima, la vecina, era un sueño hecho mujer, desde que Marcelo había llegado a ese lugar tuvieron una atracción recíproca. Él no entendía pero se comunicaban con miradas y gestos. Ella era profesora de árabe, traía sus alumnos al lugar y demostraba ser una persona amable y cariñosa con cada uno de ellos.

Para Marcelo era la chica invisible, nadie de la familia de Cotón podía saber de su existencia, para ellos hubiese sido un desastre. Todos los días que se quedaba en casa se sentaban a comer juntos, en esos momentos Marcelo podía tocarle las manos, a escondidas llegó a darle algunos besitos en la mejilla.El cantante conocía su corazón blando y fue por ahí que empezó a tratar de imponerle a una de sus sobrinas, Vinta, ella era una flaquita que venía siempre a visitar a su tío. Él la ayudaba con comida o con dinero, Vinta era una muchacha alta y delgada, tenía una risa contagiosa y eso la hacía una mujer muy atractiva, todo lo que vestía le quedaba muy bien, además era muy religiosa.

Ella tenía tres hermanas que estaba criando, cuando estaba aún pequeña su madre murió, era la mayor de todas y, por este motivo, tuvo que hacer de madre para sus hermanas, era una mujer fuerte y luchadora. Cotón le hablaba maravillas de Vinta, terminaba siempre diciendo que ella merecía tener una oportunidad para casarse con él.

El cantante le metía hasta por los ojos a su sobrina pero Marcelo estaba enamorado de la vecina. En las noches, cuando era tarde, bajo un pobre alumbrado corrían a un rinconcito por unos segundos para tocarse las manos y la cara, a Fátima le gustaba tomarle la cara entre sus manos, lo contemplaba con una mirada llena de emociones.

Marcelo sufría por esa situación y, a la vez, temía que el cantante lo dejara solo en su país sin conocer a nadie, de ser así, arriesgaba la vida, no podía hacer nada, él estaba necio con que fuera su familiar a todo costo porque iba a tener algunos beneficios al estar Marcelo casado con su sobrina, por ejemplo, a Vinta le iban a permitir viajar fuera del país y podría salir de la pobreza y ayudar más a sus hermanas, para que tuvieran un mejor futuro.Pasaron los meses, a Marcelo no le quedaba nada más que su camioneta para vender, ya no había dinero. Cotón estaba pendiente porque él tampoco tenía mucho, lo que ganaba no era suficiente, además eran tantos que no le alcanzaba para mantener a toda la familia, por eso se vieron forzados a mudarse, la idea del cantante era irse para un pueblo llamado Bona Casamas porque ahí vivía su madre, ella tenía un terreno grande y una casa con ocho habitaciones y seguro si él no tenía comida para toda la familia, su madre le daría.

Para Marcelo era algo similar, él podía solicitar dinero a España, cada vez que pedía le enviaban, de lo que recibía le daba la mitad a Cotón.

Decidieron vender la camioneta así que empezaron a ofrecerla ya que necesitaban dinero para irse para Casamas. Mientras preparaban todo, Marcelo no dejaba de pensar en Fátima, su dama invisible, debía hacer algo, no sabía cuál era el camino, faltaba poco para dejarla y no podía comunicarse con ella así que le dejo su número de teléfono, en su mente trataba de ver cuál sería la alternativa para poder quedarse con ella pero no había nada que hacer, Marcelo pensó que, pasara lo que pasara, algún día volvería a buscarla. Fátima estaba esperando a su príncipe azul quien llegaría antes, se llevaría una preciosura de mujer que fue criada para un hombre solamente, a Marcelo le seguían metiendo a Vinta hasta en la comida.

Encontraron un comprador para la camioneta, le entregaron el dinero en un fajo con unas gomitas cruzadas. Cotón estaba desesperado, no sabía cómo meter mano a ese dinero por lo que comenzó a convencerlo, le decía que pensara muy bien lo que iba a hacer con la plata, le repetía que él estaba solo y no conocía a nadie, ese era el estilo del cantante para chantajearlo, su idea era, según él, que lo usaran, que después lo reponían con los eventos o la venta de los discos. Le recordó que retomarían los planes para el casamiento apenas llegaran a Casamas. Del dinero que recibió tomó un billete de 100.00 Euros y le dio todo el resto a Cotón, le explicó que era para pagarle al padre de Vinta para que le permitiera casarse con ella.

Empezaron a preparar el equipaje en maletas y bolsas, eran muchas cosas las que tenían que llevar incluido un corderito que lo colocaron junto con las maletas en el techo del autobús en el que viajaban. Era un autobús viejo que no tenía aire acondicionado lo que era muy inconveniente estando a 50°C de calor, esperaron tres horas para salir. Metían maletas, gallinas vivas y cerdos donde iban las personas, viajaban apretados, el viaje duró muchas horas, el chofer manejaba rápido y sin mucho control ni tacto, a lo que pasara.

LOS AMERICANOS

Mientras esperaban hablaron con la gente con la que viajarían, ellos contaban que dos días atrás hicieron ese mismo recorrido con una pareja de chicos americanos, John y Caroline, pero en el autobús viajaban unos piratas que iban estudiando a la gente para averiguar cómo robarles, estos tipos hablaban inglés por lo que entablaron una conversación con los extranjeros en modo de interrogatorio, después de averiguar lo que les convenía llamaron por teléfono a sus cómplices, quienes se atravesaron delante del autobús con un coche obligando a Hass, el chofer, a parar bruscamente.

Estos delincuentes subieron al autobús, llevaban lentes oscuros y una metralleta en la mano, entraron amenazando a todo el mundo, les obligaron a ponerse en el suelo boca abajo y que no se movieran, ellos querían solo al americano, uno de los delincuentes se quedó en la puerta del autobús, el otro se fue hasta el fondo donde viajaba la pareja, los dos lloraban, ellos se llevaron a John, Caroline quería irse con su marido.

Los americanos iban de vacaciones y dejaron sus dos hijos de 5 y 7 años con sus abuelos en Estados Unidos. En ese momento la americana tenía una crisis emocional y no paraba de llorar, se arrodilló y suplicaba que los dejaran ir, mientras estaba de rodillas el pirata no lo pensó dos veces, agarró la pistola y le dio un golpe en la cabeza, Caroline cayó inconsciente.

Se llevaron a John, lo metieron en su coche y empezaron a golpearlo para que les diera el número de contacto de su familia en Estados Unidos, éste les decía que no tenía dinero, que su familia no era millonaria, que él era solo un obrero, trabajaba repartiendo refrescos en un camión, les trataba de explicar que por ese motivo no llevaban a los niños, por no tener suficiente dinero, a los piratas les daba igual lo que él decía, ya lo habían hecho hablar cuando estaba en el autobús con el delincuente que preparó el secuestro, para ellos bastaba que era un americano, ya les pertenecía.

Se comunicaron por teléfono con Míster Smith, el padre de John, y le pidieron $100.000 dólares de recompensa, debía hacer una transferencia a nombre de uno de los piratas, pidieron además que no llamara a la policía porque si lo hacían matarían a Caroline. Después de tres horas el padre llamó para decirle a los piratas que no logró juntar la suma de dinero que ellos querían, que pidiendo a toda la familia había logrado recaudar solo $60.000, este quería el nombre del pirata para tratar directamente con él, suplicaba que no tocaran a John ni a Caroline, hicieron hablar a Míster Smith con su hijo, él lo tranquilizó y le dijo que todo iba a salir bien, que se verían pronto en Estados Unidos, cuando acabaron de hablar se acercó uno de los delincuentes al coche y gritó "lo tenemos en nuestra cuenta", después abrió la puerta del coche y, sin piedad, le dio dos balazos en la cabeza a John, su socio le cuestionó porqué lo había matado, "podíamos pedir más dinero por ambos", ellos, además, tenían secuestrado todo el autobús, no se podía mover nadie hasta no tener el dinero en su cuenta.

Al escuchar los disparos Caroline se abalanzó hacia la puerta de adelante seguida por algunas mujeres que la estaban curando, en el momento que llegó afuera vio como arrastraban a su esposo ya sin vida detrás de un árbol, lo sentaron, su cuerpo estaba cubierto de sangre. John ya había pagado su precio, 60.000 dólares. La chica no paraba de gritar pidiendo ayuda pero ya era muy tarde, él había muerto en el acto, ella lo abrazaba y le pedía que se levantara, que debían volver, sus hijos los estaban esperando. Rendida y agotada por el llanto apoyó su cabeza en los regazos de su marido.

Los delincuentes huyeron y al momento Hass, el chofer del autobús, llamó a la policía y les contó lo ocurrido, los oficiales pidieron que no se moviera nadie del lugar de los hechos. El capitán encargado de la investigación notificó a la Embajada americana, el embajador tomó el mando y envió al lugar dos helicópteros de donde bajaron 40 soldados a las ordenes de la coronel Sanders, empezaron un rastreo minucioso de la zona y en el aire otros tres helicópteros ampliaron el área de búsqueda.

Enseguida encontraron a Caroline abrazada al cuerpo sin vida de su marido, llevaron dos camillas y los doctores la atendieron. Sacaron a todos del autobús, les pusieron las manos en la nuca y les revisaron de pies a cabeza, separaron a Hass, la coronel Sanders les ordenó a la Sargentos Miller y la Sargento Williams que llevaran al chofer a uno de los helicópteros y que lo interrogaran hasta que dijera todo lo que sabía, que lo revisaran muy bien, centímetro por centímetro, milésima por milésima; "él debe saber algo", lo desnudaron y colocaron su ropa sobre una mesa, la sargento Miller lo interrogaba en un perfecto francés pero este no decía nada, la sargento Williams revisaba sus pertenencias, después de una ardua investigación encontró algo increíble, del dobladillo del pantalón sacó un papel cuadrado que al momento de abrirlo tomó forma de un rombo, en éste estaba escrita la dirección donde debían encontrarse para cobrar su parte del trato que habían negociado por el secuestro.

Los cabecillas de la banda mandaron a dos rateros a entregarse en la comisaría con el fin de que la embajada americana creyera que los delincuentes habían sido arrestados pero el arresto de Hass, quien sí fue parte de la verdadera banda, hizo entender a los americanos que se trataba de una farsa, la Coronel Sanders no creyó en ningún momento esa historia, continuó con su investigación y no descansó hasta dar con los verdaderos responsables de tan atroz crimen.

ALDEAS EN CASAMAS

Después de haber escuchado esa historia Marcelo estaba muerto de miedo, era el único extranjero entre un centenar de personas que iban a viajar de Dakar a Casamas, en todo el viaje no hizo más que rogar a Dios por su protección. Cotón iba en un asiento con Cumba mientras que Marcelo iba sentado con dos de sus hijos, algunos asientos más adelante iba un señor que hablaba español, éste parecía una persona muy cordial y generosa, le preguntó de qué parte de España venía y, además, mencionó que él quería viajar a trabajar allá.

El autobús se detuvo después de cinco horas de camino para que los pasajeros pudieran comer algo y se refrescaran. En la parada había casitas pequeñas de madera donde vendían bocadillos, no tenían nevera por lo que la comida no estaba conservada de una manera higiénica. Marcelo compró un bocadillo de huevo hervido con un poquito de sal y se lo comió solo porque tenía hambre, además porque lo prepararon en ese momento frente a él, lo que más deseaba en ese era poder beber un refresco frío así que caminó un poco, y lo consiguió media calle más abajo.Cuando regresó al autobús Cotón estaba furioso, le dijo que su vida dependía de que él no hablara con esa gente que no conocía, pues ese tipo que le estaba hablando en español podía ser parte de la banda de piratas que mató al americano, Marcelo se aterrorizó al entender que el cantante tenía razón, su horror fue aún mayor cuando al subir al autobús el tipo que hablaba español le preguntó si estaba muy cansado, esto mientras hablaba por teléfono, Marcelo se encomendaba a Dios y le rogaba que lo ayudara a que todo le saliera bien ya que al estar hablando por teléfono podía estar comunicándose con algún cómplice, él temía lo peor. Cotón le prohibió que hablara con los demás, le dijo que si algo pasaba él no podría ayudarle, el resto del viaje lo hizo prácticamente mudo, el único ruido que producía era la tos que le provocaba el olor de los animales que viajaban junto a ellos. En su mente rogaba que el autobús no parara por ningún motivo porque ese podría ser su fin. Era de madrugada, y faltaban alrededor de unos 200 kilómetros para llegar al destino cuando el autobús se encontró de frente con otro autobús, parece que el otro chofer se quedó dormido y se salió de su carril hacia ellos, el chofer hizo una maniobra que mandó el autobús como 50 metros fuera de la carretera pero aun así logró mantener el control y volvió a incorporarse a la vía, en definitiva les salvó la vida a todos incluyendo la vida del cordero que llevaban en el portaequipaje del techo. El otro autobús tuvo menos suerte, se volcó resultando en un accidente fatal de nueve muertos incluyendo un bebé de un año además de muchos con heridas leves. Gracias a Dios ellos pudieron seguir el camino hasta el final del trayecto. En Bona Casamas los esperaban con un coche y dos motos, los hicieron bajar en la carretera a unas veinte calles de la aldea a donde iban, era de noche. A Marcelo lo llevaron en una moto con el conductor, en la pierna derecha llevaba un televisor y en su espalda la mochila.

Al principio se sentía más tranquilo en ese lugar ya que los recibieron muy bien, casi como si fueran héroes porque llegaron sanos y sobre todo que no le había ocurrido nada a Marcelo siendo el único extranjero entre ellos en el autobús. Cotón le presentó a Mami, una señora mayor que era su madre, Mami ya sabía de Marcelo, incluso recordaba su nombre. Cuando aún estaba en España él le había comprado una ropa y se la llevó en persona, Mami era una anciana muy cariñosa, Marcelo la llamaba mamá, cuando ella iba a algún lugar le traía una lata de refresco o frutas: manzanas, naranjas o lo que encontrara; se lo daba a escondidas porque había muchos niños y, lógicamente, si veían iban a querer ellos también.

Empezaron a salir eventos para Cotón, al no tener un vehículo para el transporte debía esperar a que lo vinieran a buscar a él y a otros artistas o familiares. A algunos de esos sitios Marcelo no podía ir porque no querían a los blancos así que se quedaba con los niños y las señoras esperando a que el cantante regresara del lugar, a veces era después de una semana, algunas veces tardaba más, dependiendo la distancia de donde lo contrataban.

Pasaron tres meses desde que llegaron a vivir en Casamas, se empezaba a rumorar de su matrimonio, Usen, el padre de la supuesta mujer vivía a dos horas de la aldea donde vivían ellos, cuando llegaron Vinta vino como un mes después a vivir en la misma aldea. Vinta no le hacía caso, Marcelo se preguntaba cómo se iba a casar con ella si lo trataba así.

Cuando regresó Cotón de uno de sus viajes Marcelo no aguantó más y le dijo que no entendía las costumbres senegalesas porque esa chica no se le acercaba y ni le hablaba, entonces, le expresó que si quería que se casara con su sobrina, debía hacer algo porque de esa manera no iba a ser posible, agregó que no quería una mujer seca y distante, además recordó que le había dicho que Vinta lo iba a atender y que era muy cariñosa pero no lo parecía. Señaló que, por su parte, podía olvidar el compromiso, que recordara que muchas chicas lo pretendían y que no quería hacerse problemas por una, el cantante le contestó que le diera una oportunidad, que él iba a hablar con Vinta y si no cambiaba, se acabaría todo. Cotón le recordó que lo estaba haciendo por ella, se encerró en una habitación con su sobrina y le dijo que lo estaba perdiendo; al día siguiente la cosa cambió, cuando se levantó tenía té en el fuego y un pan casero para el desayuno. Marcelo sentía que estaba en las manos del cantante, aunque iba con ellos a sus presentaciones, al final no dependía de eso, no necesitaba su plata ya que, por suerte, él tenía su dinerito en España y si necesitaba lo pedía y se lo enviaban.

LA TRIBU DE LOS MANGOS

Cuando Cotón no estaba tuvo la primera sorpresa con la fruta del mango. En la aldea, en cada casa, había al menos cinco árboles de mango, una noche se escuchó un grito muy feo, todos estaban comiendo afuera en el patio cuando escucharon eso, tiraron los platos donde estaban comiendo y salieron corriendo, Marcelo los siguió, el miedo se formaba en sus rostros, se metieron dentro de las casas, los aldeanos no podían hablarle y explicarle lo que estaba pasando pero lo empujaron con ellos porque también lo cuidaban de alguna manera.

Los gritos provenían de una tribu de indios que cuidaban todas las casas que tuvieran arboles de mangos, estaba prohibido arrancar la fruta verde, la tribu se enteraba, buscaban a quien lo arrancaba y le daban de palizas casi hasta matarlo, ni siquiera podían verlos a través de alguna rendija o mucho menos por las ventanas porque se enfadaban más y entonces entraban a la casa y los sacaban a palos, tenían que mantenerse dentro, sin hablar y con las luces apagadas.

Algunas veces, cuando Marcelo se acostaba, en la madrugada, escuchaba el llanto de los perros y los gritos que se iban perdiendo en la distancia, vivía de terror en terror, si alguno se creía muy listo y le fallaba a la tribu sacando un mango verde para comérselo, ya fuera en compotas o de cualquier manera, no se sabe cómo, pero ellos se enteraban y venían por él.

En la misma aldea donde Marcelo vivía a un hermano de Cotón le tiraron la puerta abajo, tenían unas lanzas, unos palos largos con un acero en la punta, con dos golpes de esos tiraron la puerta, esa noche todos dentro las casas escuchaban al pobre hombre gritar, lo sacaron arrastrado de los pelos hasta la calle, lo dejaron casi muerto, solo los perros se acercaban a él y lo lamían para que se moviera, ninguno de sus aldeanos salió a verlo hasta que en la madrugada se escuchó el último grito que se perdía a lo lejos, aquello era impresionante. Cada dos o tres semanas pasaban por todas las aldeas a revisar el fruto. La leyenda cuenta que la tribu nació muchos años atrás, cuando empezaron a aparecer personas muertas en todas las aldeas la tribu se puso a buscar quien los mataba, descubrieron que había vampiros en África quienes entraban en las aldeas y mataban la gente, la tribu los encontraba muertos y con mordidas en el cuello porque les habían chupado toda la sangre. Los indios se dedicaron a buscar a los vampiros, cuando encontraban alguno se lo llevaban lejos de las aldeas, los clavaban con estacas en forma de cruz y los dejaban al sol, sin agua hasta que morían. Así que esta tribu nació de este modo para hacer justicia contra los vampiros hasta que lograron vencerlos. De ahí se pasaron como justicieros de los mangos de todas las aldeas.

Cuentan que un día un sargento de la policía y varios de sus compañeros le tendieron una trampa a la tribu, lograron fusilarlos a todos, solo quedó un perro que los acompañaba, cuatro meses más tarde reapareció la tribu, buscaron al sargento de la policía, mataron primero a sus hijos, a su mujer, a su padre y a su madre, después lo mataron a él.

Marcelo tuvo la oportunidad de ver a unos de ellos a través de una rendija de la puerta a pesar que tenía prohibido mirarlos, porque si lo descubrían lo iban a moler a palos. El jefe de la tribu vestía un gorro de paja tipo como los que usan los chinos y de la cintura para abajo usaba una falda o pollera de paja. Así pasó más o menos un mes y medio hasta que un día bajó la tribu a la aldea y con un grito diferente indicaron que ya se podían comer los mangos, esto no quería decir que tenían autorización de venderlos, si esto pasaba ellos se enterarían y se debía pagar esa falta.

Al final Marcelo pudo decir que no eran tan malos, sino que daba miedo por la forma de proceder, pero en realidad ellos querían solo el bienestar para todos, se consideraban justicieros nada más.

BAUTIZO MUSULMÁN

Cuando estaban juntos, Cotón, no hacía más que hablarle del casamiento, todo era sagrado, Marcelo no podía tocarla hasta que se casara con ella, además no podía estar con ninguna otra mujer fácil porque eso sería cometer una falta a la religión por lo tanto, si quería casarse con esa chica, tenía que bautizarse como musulmán y volverse uno de ellos, además debía aprender el Corán. Esa era la parte que él veía difícil. Cotón insistía qué si se bautizaba, al abrazar la religión musulmana, no iba a tener ningún problema con el padre de Vinta, aparte de eso podía tener dos mujeres por ser musulmán, Marcelo estaba jugado por el tiempo en que vivía en África, entonces decidió bautizarse.

Cotón fue a hablar a la mezquita para iniciar a preparar el acontecimiento del bautizo, le mandaron a hacer un traje blanco con un gorrito y los zapatos puntiagudos, se pusieron en campaña para enseñarle a rezar y lavarse adecuadamente como un musulmán, la preparación duró aproximadamente un mes. Llegó el día tan esperado, la mezquita la tenían cerca de casa a dos calles de distancia; como al mediodía salieron con Cotón tres de sus hermanos y dos sobrinos, todos vestidos de blanco, Marcelo se sentía raro con esa ropa pero a la vez le gustaba. Hubo una ceremonia larga ya que estaban presentes algunos líderes que venían de otras mezquitas porque todos querían estar en el bautizo del único blanco que se volvía musulmán en Senegal.

Se corrió la voz por todos los pueblos y aldeas, de esos lugares se movilizaban hombres y niños para entrar a ser parte de este evento sagrado para ellos, osaría decir que podía ser considerado casi un privilegio que esto ocurriese en su tierra, era una bendición, fue alucinante.Cuando el líder máximo le dio la autorización tomó su juramento, él decía las palabras del Corán con todos, Marcelo repetía lo que él decía por micrófono. Estaban sentados y cuando el líder dijo la última palabra se pararon, había una multitud de gente que se abalanzaba hacia Marcelo para tocarlo, darle un beso en las manos y entregarle bolsas con monedas o billetes porque, según la creencia del musulmán, Marcelo era una especie de príncipe con mucha suerte para ellos.

No lo dejaban salir de la mezquita ya que todos querían tocarlo para llevar suerte a su casa, cuando pudieron llegar a la puerta principal, Cotón y sus hermanos le hacían de guardaespaldas, eso fue una cosa única en su vida, la gente no paraba de llegar a la calle, todos venían por un milagro, fue increíble aquello en el bendito país de Senegal.

MATRIMONIO DE DOS CULTURAS

Marcelo continúo con su vida normal, la única diferencia era que ya rezaba todos los días, ellos seguían preparando el matrimonio, aunque Vinta estaba muy enfadada ya que habían pasado seis meses del bautizo, Marcelo ya era musulmán, eso era lo que todos los de la familia querían pero no pasaba nada con el matrimonio. Vinta y Marcelo se pusieron de acuerdo y le plantaron cara a Cotón, le preguntaron qué era lo que estaba pasando con su casamiento, ellos confirmaron que ya estaban listos.

Cotón entonces dijo que Marcelo aún no había terminado de pagarle al padre de Vinta, que faltaba la mitad del dinero, el cantante ya no tenía más plata de la venta de la camioneta, cuando él le había dado todo para que le pagara al padre de Vinta, éste no lo había hecho en ningún momento. En definitiva, una vez más este tipo engañó a su sobrina y a Marcelo también, quien se sentía acorralado porque no encontraba salida.

Vinta y Marcelo se pusieron de acuerdo con Cotón para ir a hablar con Usen, el padre de ella, explicarle la situación del casamiento, y decirle que lo tendría que esperar ya que él no tenía dinero, acordaron con el cantante de salir a las ocho de la mañana. Cuando Marcelo estaba durmiendo escuchaba entre sueños movimientos en el patio, se levantó y se llevó la sorpresa de que Vinta se había ido de la casa, ella no creía más en su tío porque había mentido varias veces, a las prisas le pidió a Ibuu, un familiar de Vinta, que le hiciera el favor de llamarla por teléfono, ella le contestó. Ibuu era un señor mayor que lo apreciaba mucho, él le dijo a Vinta que se estaba equivocando y actuando como una niña tonta, sin pensar. Ella estaba en la parada de los autobuses que iban a Dakar, Ibuu le dijo que se esperara ahí porque él no tenía culpa alguna de lo sucedido ya que todo estaba en manos de su tío, así fue como Vinta le hizo caso y esperó a Marcelo, Ibuu también pidió que le mandaran una moto-taxi para que llegara más rápido a donde lo estaba esperando.

Por fin subieron los dos al autobús que los llevaría a Carfur, un pueblo cerca de la capital, durante el viaje, Vinta llamó a Abdel, otro tío de ella que vivía en el sitio a donde iban, para que le prestara una habitación a Marcelo, su tío le dijo que no había ningún problema, que pasara a recoger las llaves y que él podía estar todo el tiempo que necesitara. Abdel sabía quién era Marcelo, lo conocía como representante de Cotón. Marcelo se estabilizó allí por un tiempo corto. Pidió dinero a España, pagó al padre de Vinta y finalmente se casaron.

Marcelo hizo una fiesta para toda la familia con parientes que eran músicos, eran todos artistas. Disfrutaron toda la noche esa fiesta senegalés donde comieron y bailaron hasta el amanecer. Al final los familiares de Vinta hicieron a un lado a Cotón que tanto los había engañado, especialmente a Marcelo y a su propia sobrina, a quien siempre le prometió una gran boda y una fiesta como la que finalmente le hizo Marcelo, eso, sobre todo, fue un desengaño para Usen, el padre de Vinta, ella era la más importante de todas sus hijas por ser la mayor.

Durante la fiesta Usen interrumpió los festejos para hacer un discurso y darles una bendición, también aprovechó la ocasión para disculparse por todo el daño que les había causado Cotón, la familia se sorprendió muchísimo dado que no sabían lo que él había hecho, Usen tenía razón, no les quedaba más que luchar por una nueva vida. Esa noche Marcelo la tomó de la mano, la llevó hasta su habitación y, respetando todos los ritos musulmanes, la hizo su mujer.

Su matrimonio fue solo bajo las leyes del Corán, no pudo casarse por lo civil porque Marcelo estaba tramitando su divorcio del matrimonio anterior, permaneció dos meses con ella y luego regresó a España.

Cuando llegó se encontró con unas deudas fuertes y mucha presión para pagarlas. Estuvo un año más en España, le enviaba dinero y ropa a Vinta pero tuvo que viajar a otro país, le planteó una separación porque él viajaría a Estados Unidos y no quería más problemas, que hiciera su vida ya que ella era una mujer joven y linda, le recordó todas sus cualidades y le dijo que ella podía salir adelante pero que siguieran siendo amigos.

Marcelo se quedó solo con todos los recuerdos increíbles y más divinos de aquella gente que no tenía nada pero daba todo, Marcelo aún recuerda a los niños a quienes, cuando le enviaban dinero de España, les compraba unas bolsas de caramelos y cuando llegaba a la aldea salían a recibirlo todos, Marcelo sacaba de su mochila la bolsa de golosinas y los repartía entre todos, aquellas caritas se trasformaban en una sonrisa de agradecimiento, todos lo abrazaban, era algo hermoso ver esas criaturas disfrutar de un simple caramelo. Marcelo considera que ha dejado parte de su corazón en Senegal.

ENCARANDO LA REALIDAD

Después de que Marcelo regresó de África, estuvo un año en España pero debido a la crisis inmobiliaria no había trabajo, lo de chofer de artistas no pagaba bien y su inconformidad aumentaba. Marcelo se reunió un día con Tito, su hermano, quien siempre había sido un apoyo, llegó a su casa mientras él estaba arreglando su coche y sin interrumpirlo le empezó a contar que en Alemania había trabajo pero que el idioma era un problema para ellos que solo hablaban el castellano, en ese momento pasó por su lado una señora, a Marcelo le pareció una persona conocida, le preguntó si ella frecuentaba la iglesia del barrio donde iban ellos ya que se le parecía a alguien que había conocido ahí, su nombre era Luisa, le contestó que sí, iba a la iglesia pero no a esa. Se hicieron amigos, e intercambiaron números de teléfono.

Luisa estaba sola y Marcelo también, en ese momento sin querer iniciaron un romance, él, por su parte le habló claro, le dijo que no quería ningún compromiso porque hacía poco tiempo que se había separado pero, si para ella no había problemas, podían verse, Luisa aceptó, dijo que también estaba pasando por una situación parecida.

Ella era de Honduras, una gran persona, una madre ejemplar que también llevó sus hijos a España, trabajaba en una casa de familia, luchó mucho y, sobre todo, había sufrido mucho al estar sola, su expareja estaba en otro país. Luisa tuvo que ser padre y madre para sus niños. Ella le decía que lo quería mucho. Marcelo la apreciaba pero, en ese momento, él necesitaba salir de todas las deudas y problemas que le habían caído encima entonces Marcelo le contó que quería viajar a Estados Unidos, allá tenía un conocido, su nombre era Humberto, él había trabajado para Marcelo en su empresa de construcción por mucho tiempo, habló con su amigo por teléfono en diferentes oportunidades, éste le decía que viajara, que en Estados Unidos había mucho trabajo.

Luisa le dijo que Verónica, su hermana, también vivía en los Estados Unidos, en Nueva Jersey, se pusieron en contacto con ella, ésta le dijo que si Marcelo quería viajar ella podría buscarle una habitación de renta donde estaba viviendo y luego le podría ayudar a conseguir trabajo. Marcelo lo que hacía en ese momento era lanzar el anzuelo y esperar para ver hacia donde podía dirigirse porque en realidad no conocía a nadie.

Unos días más tarde Marcelo le contó a Luisa que habló con Humberto, fueron amigos por más de 20 años, él lo ayudó cuando Humberto viajó a España, resulta que Marcelo le pidió su dirección en Estados Unidos para presentarla en la embajada americana y demostrar a donde iba a llegar, no se sabe qué le pasó, pero le dijo que no podía dársela. Él le explicó que ya había sacado el pasaje, pero él le dijo que no podía.

Luisa le sacó una luz debajo de la manga, llamó a Verónica sin decirle nada, más tarde le trajo la famosa dirección que necesitaba, así, Marcelo pudo solicitar el visado. A esta mujer la llevará en su corazón y le pide a Dios que la bendiga cada día de su vida.

OTRA OPORTUNIDAD

El día que Marcelo viajaba estuvo en casa de Tito, su hermano confidente, Marcelo le pidió que se arrodillaran juntos a rezar a Dios Todopoderoso y Nuestro Salvador, que bendijera a su Shaolin que estaba en Suiza, a Margarita, quien seguía ensayando en la academia de canto y a su hijo Jeremías, quien era un gran estudiante, esos tres seres han sido la razón de su vida y su orgullo. Mientras rezaban le caían las lágrimas porque no sabía cuándo volvería a ver a sus hijos, seguro debía pasar mucho tiempo pero no había otra alternativa, debía ser fuerte y seguir luchando como lo hizo la primera vez cuando viajó a España, dejando a Mamacalu y a sus hermanos.Mientras llegaba la hora del vuelo Margarita estaba viajando de Toledo a Madrid para despedirse de su padre, estaba atrasada, no llegaba. Marcelo estaba en el aeropuerto con Tito y su sobrino, esperaba para abordar el avión.

Cuando faltaban diez minutos para entrar y pasar el proceso de aduana llegó Margarita desesperada ya que quería despedirse de su papá, él estaba loco por abrazarla, sin decir una palabra se fundieron en un fuerte abrazo y lloraron, al ser ella cantante y él su representante, Marcelo siempre estuvo con ella en todo lugar. Ella no paraba de llorar, sus sentimientos eran muy fuertes, entonces le preguntó "papi, ¿cuándo vas a regresar?" Marcelo le contestó que podía ser después de un año o dos, solo Dios lo sabía.

Marcelo se despidió de todos y mientras caminaba hacia adentro le gritó a Margarita que nunca dejara de cantar porque Dios le había dado ese talento, él lo sabía mejor que nadie.

Subió al avión con mucha pena en su corazón porque dejaba a su gente y emprendía un proyecto de vida, ya no tenía veinte años como la primera vez que viajó a España, ya estaba en los largos cincuenta y tenía que emprender este nuevo desafío, alguna vez le tocaría la suerte. Alguien le hablaba en sus sueños que debía seguir porque Marcelo siempre había creído en los milagros, además siempre ha creído que se debe luchar para obtener el fruto deseado.

Después de ocho horas de vuelo, llegó al aeropuerto JFK de Nueva York, la primera persona que lo esperaba era Humberto, el que no le envió la dirección, él cree que tal vez le remordió la conciencia y por eso fue a verlo pero Marcelo no tenía que irse con él porque Verónica, la hermana de Luisa, le dio la dirección y Freddy, el novio de ella, había ido a buscarlo.

Mientras hablaba con Humberto apareció un tipo con vestimenta un poco rara, llevaba una gorra, tenía un bigote y barba tipo candado, a Marcelo le chocó la imagen de ese hombre, ese tipo se dirigió hacia ellos que estaban hablando hasta que lo vinieran a buscar.

Freddy preguntó por Marcelo, él reconoció el timbre de su voz, porque habían hablado anteriormente por teléfono, éste era el novio de Verónica, se pusieron de pie, él le indicó que lo estaban esperando en un coche, Humberto se quedó un poco mal pero Marcelo no podía fallarle a esa gente que le envió la dirección, para él era un compromiso moral.

No los había visto nunca y se tenía que ir con ellos, y esperar para ver qué pasaba, le dijo a Humberto que por ahí lo llamaría, se dieron un abrazo y salió del aeropuerto con destino a casa de unos perfectos desconocidos gracias a la ayuda de Luisa quien les pidió que lo recibieran.

Al inicio Freddy era muy amable, Marcelo llegó en Diciembre así que iba a pasar otro fin de año lejos de sus hijos porque el año anterior había estado en África. La ciudad estaba desierta porque se hacía de noche muy temprano y comenzaba la temporada de frío. Freddy trabajaba poco, de lunes a miércoles, Verónica trabajaba también dos o tres días, Marcelo se preguntaba cómo le iban a poder ayudar estando recién llegado.

Cuando llegó lo acomodaron en un colchón en el suelo del comedor, Marcelo se moría de nervios porque no le salía trabajo y tenía que pagarles por el sitio donde dormía, tenía poco dinero y además debía comprar comida.

A la semana de haber llegado Freddy lo llevó a ver una persona que le tenía que hacer un documento para poder trabajar pero mientras le explicaban cómo iba hacer el trámite, Mariano, el encargado de hacer el documento, no paraba de amenazarlo que si algo salía mal lo buscaría a él, éste hablaba con Freddy mientras tomaban cerveza y fumaban, no sabía qué; desde luego Marcelo no podía tragar saliva por la presión que ese tipo raro le producía, no veía la hora de salir de esa casa, aparte que tenían la música muy alta y estaban cada vez más borrachos.

Se pusieron a jugar a las cartas y apostar cosas raras, Marcelo esperaba y vigilaba cada movimiento, uno de ellos amenazaba a su propio hermano con una pistola, Marcelo pensaba que en cualquier momento podía pasar lo peor, no aguantó, fue hacia la mesa donde estaban jugando y le dijo a Freddy que se iba a ir en ese momento, no sabía para dónde pero que le diera las llaves para poder entrar a la casa.

Marcelo se puso duro con él y lo presionó con palabras, Freddy se paró de donde estaba jugando, le echó una mirada como que quería pegarle, Marcelo no le bajó la vista, entonces dijo que lo acercaría a la casa y que regresaría.Cuando salieron Marcelo le comentó que se había sorprendido al ver como se amenazaban entre hermanos, el hermano mayor tenía una pistola en la cintura y a cada rato metía la mano haciendo el gesto de sacarla, repetía muchas veces que le iba a pegar un tiro a su propio hermano. De no ser por el padre de ellos que llegó media hora antes de que se fueran, eso habría acabado mal. Freddy le dijo que no había que tener miedo, que no pasaba nada.

Al llegar a la casa Freddy se puso como loco, no acertaba al poner la llave, no podía abrir la puerta, empezó a dar patadas y le echaba la culpa al otro muchacho que vivía con ellos, decía que él tenía la puerta bloqueada. Para calmarlo Marcelo abrió la puerta, Freddy entró como un toro bravo, se fue a la heladera y sacó una cerveza, mientras Marcelo preparaba la cama en el suelo él renegaba solo, nunca regresó al sitio donde estaba jugando a cartas, después de tomar su cerveza se fue directo a dormir.

Esa misma noche Marcelo llamó a Humberto a Nueva York y le contó que le estaba yendo mal, que se quería salir de esa casa porque había muchas dificultades, Verónica y Freddy tenían problemas de pareja. Le pidió que lo ayudara a conseguir un trabajo. Por suerte éste le volvió a llamar y le explicó que tenía que esperar una o dos semanas porque el encargado de contratar a los empleados estaba de vacaciones en Brasil.Después de quince días lo llamó de un momento para otro y le dijo: "mañana te tienes que venir para mi casa.", el viernes estuvo en casa de Humberto, él lo fue a esperar a la terminal de autobuses en Nueva York. Así fue que le presentó a Esperanza, su mujer, y Pedro, su hijo de 6 añitos.

Marcelo se llevaba bien con Pedrito porque hasta le enseñó un poco de boxeo con unos guantes que le había comprado su mamá. Esperanza era como un sargento, trataba mal a su marido, a Marcelo le hervía la sangre porque este no le decía nada para que no le gritara, a ella le daba igual; "porque tendría dinero", pensaba Marcelo, pero el que trabajaba era su amigo.

Marcelo no terminaba de encajar donde vivía en Far Rockaway, empezó a trabajar en Brooklyn, para llegar al trabajo debía viajar una hora y media o dos horas cuando los trenes iban mal y era lo mismo de regreso. Llegó cuando había mucha nieve, todo el mundo vestía las gorras y se cubrían la cabeza con capuchas por el frío descomunal.Empezó a trabajar en la construcción, se levantaba a las cinco de la mañana y regresaba por la tarde también cuando ya estaba oscuro, había que tener cuidado con caerse en la nieve porque afuera había montañas congeladas, mucha gente se caía y sobre todo los mayores, Marcelo pasó todo el peligro de las caídas en la nieve.

Una noche tuvo su primera sorpresa con los delincuentes de la zona, dos morenos lo seguían para robarle, él, con la mochila al hombro, las botas para la nieve y algunas bolsas de compras, corrió tres calles seguidas, estaba desesperado por llegar a la casa, hacía mucho frío pero él estaba bañado en sudor por la carrera y el miedo, también le faltaba la respiración. Abrió la puerta de la casa y ahí estaban Humberto y Esperanza, les contó lo que le había ocurrido pero no le creyeron, le dijeron que eso no podía ser porque ellos habían vivido en esa zona por tres años y nunca les había pasado nada, claro está que a ellos les interesaba el alquiler del cuarto y nada más.

Para Marcelo esto ya era un sin vivir porque soñaba con los delincuentes, después de diecisiete días de vivir en ese lugar, una vez, se le hizo muy tarde porque había problemas con el transporte, cuando el tren llegó a la última estación Marcelo estaba pálido porque sabía que cuando bajara le tocaría correr, pues siempre había alguien que lo esperaba para robarle, ese día cambió su recorrido, subió cuatro calles más adelante y se metió por otra para despistar, no había nadie caminando, Marcelo pensó que esa noche perdería la vida en un país muy lejano y sin su familia. Pensó en sus hijos y en su madre, desesperado, viajó hasta ahí para ganarse la vida y estaba a punto de perderla.

Era muy tarde y no había gente por la calle, por lo tanto ese día no iba correr porque estaba más lejos de la casa, ya les había hecho un recorte por las calles para el despiste, en la cuarta cuadra giró a la izquierda y cuando llevaba como unos cincuenta metros se le cruzó un coche rojo, un moreno se bajó con una pistola en mano, cuando se dirigía hacia Marcelo él se giró por donde venía, no podría ni imaginar a qué velocidad salió de ese rincón, consideró que hubiese podido ganarle a un corredor de maratón porque corrió siete calles seguidas a pesar del peso que llevaba, no volvió a ver ese coche rojo.

Abrió la puerta y a pesar de que lo veían mal le preguntaron que le pasaba, Marcelo respondió que lo sentía mucho por ellos, pero él se iba a ir de ese lugar porque no aguantaba más, les agradeció, pero les dijo que había venido a luchar para salir adelante, no para que lo mataran por veinte pesos.

Salió con una maleta y dos bolsa pero había un problema pues tenía solo 600 dólares, cerca de su trabajo, en Brooklyn, vio una habitación, Emilio era el dueño, pedía 1.200 dólares, los 600 del mes de renta más un mes de depósito de seguridad,

Marcelo le pidió al dueño que le alquilara el cuarto por favor, debía mudarse en ese momento pero podía pagar solo la renta, la semana siguiente le daría el dinero del depósito. Claro que le completó los mil doscientos pero se quedó sin dinero para la comida, de la otra casa había llevado unas galletas y tés que le habían mandado de España, además unos fideos que tenía ese sábado que terminó de pagar lo que faltaba de la renta. Emilio notó que no hacía compras y tampoco veía que Marcelo comiera cuando estaba en su cuarto, de repente escuchó un golpeteo en la puerta, contestó y al mismo tiempo abrió, ahí estaban Emilio y su esposa María, uno le traía un plato de comida y el otro un plato con ensalada. Cuando los vio casi le da algo con el olorcito a carne al horno, estaba riquísima. Les agradeció muchas veces por su gran corazón.

Durante esa semana Marcelo se la pasó tomando té y comiendo galletitas, para el trabajo llevaba fideos hervidos, hasta le daba vergüenza comer con sus compañeros porque ellos compraban pollo asado con ensalada rusa y refrescos mientras que él tomaba agua y comía fideos, lo veían como a una bestia rara, no como a un argentino. Él no conocía a nadie, tampoco les podía pedir comida porque se la hubiesen negado al no conocerlo.

Por fin, al llegar la segunda semana de pago agarró los seiscientos; se compró un colchón inflable porque su espalda estaba adolorida por dormir en el suelo, además compró comida para la semana, cocinaba la cena, comía en casa y el resto llevaba al trabajo, por fin empezó a dormir a gusto.

Se hizo amigo de Flavio, un compañero de trabajo, y con él empezó a conocer la ciudad de Nueva York, Marcelo considera que Nueva York es la ciudad más linda que ha conocido. Siempre ha querido conocer el museo de Rock and Roll más grande del mundo y la tumba del famoso maestro de todos los tiempos: Bruce Lee, y estando en los Estados Unidos lo va a lograr. Marcelo decía que había escuchado que a Nueva York las personas vienen buscando el sueño americano, por lo tanto, él seguirá pensando que está en el país ideal para alcanzar sus sueños: Estados Unidos de América.

CONCLUSIÓN

Su descendencia: el abuelo por parte de su padre era búlgaro y su bisabuela por parte de Mamacalu era española. Demetrio nació en la Provincia del Chaco y Mamacalu en Santiago del Estero. Sus hermanos y Marcelo nacieron en Buenos Aires. Mamacalu quedó huérfana de madre a los nueve años de edad y su padre no la dejó ir a la escuela, por lo tanto, no aprendió a leer ni escribir. Cuando Mamacalu cumplió dieciséis años, conoció a Demetrio quien, en ese entonces, tenía dieciocho años. Demetrio se la llevó a Buenos Aires a escondidas del abuelo Leonardo y ahí, para bien o para mal comenzó todo, tuvieron once hijos los cuales están todos vivos, además están los gemelos.

Los padres de Marcelo ahora viven en Buenos Aires. Él cumplió un poco con sus sueños de niño porque consiguió llevar a toda su familia para que se ganaran la vida en España. Marcelo no llegó a ser cantante como le prometió a Mamacalu pero está seguro de que lo lleva en la sangre. A pesar de ser una persona pobre se considera rico por dentro.

Marcelo está seguro de que tiene una misión, aunque ha pasado por tantas cosas negativas tiene a sus hijos que son su vida. Shaolin estudia la carrera de leyes y Margarita cursa la secundaria y va a clases de canto. Su hijo es un buen estudiante y un gran deportista. Vivió veintitrés años en la bendita tierra española la cual le dio la oportunidad de realizarse como persona en muchos ámbitos, además fue ahí donde pudo cultivarse en muchos aspectos. Siempre tuvo consigo la bendición de Dios y de su reina Mamacalu por la cual es quien es. De los hijos quiere que se encaminen en su vida, que estudien o trabajen, que edifiquen su futuro para que el día de mañana no sufran sin estar preparados como sus padres. Marcelo recibió muchos golpes desde muy pequeño y aun siendo mayor, todo por ser un soñador que simplemente quería triunfar, porque lleva en las venas sangre de artista. Nunca pudo parar de pensar, había en él mismo algo que lo empujaba siempre hacia adelante en su mente y en su corazón, que lo hizo capaz de cruzar el océano y luchar cada vez más.

Algunas veces se preguntaba cómo era que tenía tanta fuerza y valor para enfrentarse a las adversidades. En todos los sitios que llegó a buscarse la vida logró salir adelante, muchas veces llorando pero nunca tiró la toalla o se dio por vencido. Marcelo sabe que Dios siempre estuvo con él, fue su guía en todos los lugares del mundo a donde ha ido, se ha puesto de rodillas para hablar con él, para suplicarle que lo ayudara a salir adelante, que le diera salud a él y a toda su familia y que le diera trabajo pues si él estaba bien toda la familia iba a estar bien, así lo había pensado desde niño y continuará pensándolo siempre a pesar de los golpes que ha recibido.Marcelo agradece a Dios por Mamacalu quien siempre fue su apoyo incondicional y tiene un corazón muy humilde. Él sabe que salió de esa madre bendita para enfrentarse a este mundo sin pensar quien es bueno o quien es malo, todos para él son hermanos, sin dudarlo en ningún momento porque nadie es culpable por nacer desprotegido.

Marcelo cree que siempre se debe ayudar al más débil, no importa la raza ni el color de la piel, ante todo somos seres humanos, somos todos personas de piel y hueso que vinimos a este mundo para luchar por nosotros y por nuestras familias, todos somos ciudadanos del mundo.

Alberto Aguilar, nació en Lobería, Argentina. Su novela Ciudadano del Mundo fue escrita en castellano y está siendo traducida al inglés y muy pronto al italiano. En la actualidad vive en Nueva York con su pareja, la Gran Manzana he ha servido de inspiración para este y algunos de sus nuevos proyectos los cuales serán publicados en un futuro próximo.

www.ingramcontent.com/pod-product-compliance
Lightning Source LLC
LaVergne TN
LVHW091550060526
838200LV00036B/770